人生需要來場小革命

別懷疑！讓恐懼同行，
勇敢踏出第一步，
創造生命中的奇蹟時刻

BIG MAGIC

Creative Living Beyond Fear

Elizabeth Gilbert

伊莉莎白·吉兒伯特——著

鄭煥昇——譯

目次

允許自己 81

堅持到底 137

勇氣

看不見的寶藏

曾經，有個人叫做傑克．吉兒伯特。很可惜，他跟我非故非親。

傑克．吉兒伯特是位偉大的詩人，如果你沒聽過他，別擔心，那不怪你。出名從來不是他汲汲營營的事情，不過我知道他，而且我遠遠地、深深地愛著他。現在就讓我來跟大家說說他。

傑克．吉兒伯特一九二五年出生於匹茲堡，成長在故鄉工業城的鋼廠、煙霧與噪音之中。青年時期的他在工廠跟煉鋼廠做事，但他年紀輕輕就受到「感召」而義無反顧地開始寫詩。他成為詩人就像其他人出家一樣，是為了信仰獻身，是一種愛的表現，是追尋恩典與超脫的終身承諾。我想，能以這樣的方式成為詩人是很好的；或者能以這樣的方式成就任何角色，重點是這角色真的在召喚著你的內心，讓你充滿生氣。

他可以很有名，但他對出名不感興趣。以他的才華跟魅力，想成名不成問題，但他從來沒動過凡心。他的第一部詩集在一九六二年甫出版，就獲得「耶魯青年詩人獎」的肯定，另外也入圍了普立茲獎。不過更重要的，是他迷倒了廣大的讀者跟詩評家，這對當代的詩人來說不啻是一項成就。他就是能吸引人，讓人對他著迷。台上的他英俊、熱情、性感、聰明，女人當他是對象，男人當他是偶像。他做過《時尚》（Vogue）雜誌的平面模特兒，一派時髦浪漫，眾人皆為他瘋狂，想當巨星他只需開口表示一下。

結果他不要，他選擇銷聲匿跡。他不想因為紛紛擾擾的世事分心。晚年他自承覺得成名很無趣，倒不是因為他覺得名氣不道德或是會腐蝕人心，而是單純不想每天重複一樣的事情。他想追尋的東西得更豐富、更有層次、更有變化，於是他選擇跑到歐洲去住，而且一住就是二十個年頭。他有個時期在義大利，一段時間在丹麥，但多數時候他的棲身之所是希臘山巔牧羊人放牧的簡陋小屋。在那兒他思索永恆的謎團，觀察光線的變換，寫出自己的詩句。他談了戀愛，他遇到阻礙，他有些小小的勝利，他有開心的事情。總之這裡賺些那裡攢點，日子算是過得下去，反正他物欲不高，他選擇讓世界把自己忘掉。

事隔二十年，傑克．吉兒伯特重出江湖發行了第二本詩集。又一次，文壇戀愛了，又一次，他成名在望，又一次，他一閃即逝——這一次他不見了十年。後來這變成他的固定模式：搞失蹤、耍孤僻、出版宏偉的詩集，然後又耍孤僻。他就像是株稀有的蘭花，隔許多年才開一次花。他從來不自我宣傳；在少得可憐的幾次訪談中，提及跟文壇的疏離對他的寫作生涯有什麼影響？他笑著說：「應該是致命性的影響吧。」

我之所以知道傑克．吉兒伯特只有一個原因，那就是他晚年回到了美國，而且出於永遠成謎的動機，在諾克斯維爾的田納西大學兼課，教授文學創作課程。隔年二〇〇五，我也湊巧接下了完全一樣的職位（校園裡開始傳起這課是「吉兒伯特講座」的冷笑話）。我在原本屬於傑克．吉兒伯特的辦公室看到了他的書，就好像這屋子裡還能感覺到他的溫度似的。我拜讀了他的詩句，深深折服於他文字中的雄大，與其中濃厚的惠特曼身影。（「我們必須雀躍涉險，」他寫道，「我們必須堅忍地在無情世間的熔爐中，接納自己所感受的欣喜。」）

他跟我同宗，我們前後做了同一份工作，我們分到同一間辦公室，我們有很多共同的學生，如今我又愛上了他的文字；很自然地，我對他深深產生了好奇。我到處問人：傑克．吉兒伯特是什麼人？

學生跟我說他是位奇人，說他有股超凡脫俗的氣質，就好像一直有什麼東西讓他驚異著，然後他也鼓勵學生跟他一同體會這種驚異。學生說，他不太教他們「怎麼寫詩」，而是比較愛講「為什麼寫詩」。他說寫詩是因為「雀躍」，是因為「堅忍中的欣喜」。他要學生在生活中盡情抒發創意，並以此為武器來反擊無情的世間熔爐。

更重要的是他要學生勇敢。他說不勇敢，人就無法知悉自身能力的極限有多寬；不勇敢，人就不會知道這世界等著你去發現它有多豐富；不勇敢，人的生命就不能深廣，就不能超越生命本身希望突破的狹小局限。

我沒見過傑克．吉兒伯特本人，而今他已遠遊，於二〇一二年辭世。他在世的時候，或許我是可以特地去找他，跟他見上一面，但我從來沒有這樣的念頭（經驗告訴我要慎防跟偶像見面，以免一不小心就想像幻滅）。總之，我覺得他活在我的想像裡也很好，在我心裡他就是位巨擘，就是詩句與故事堆疊起來的偉大存在。所以我決定見好就收，把他放在我的想像裡就好。直到此時，他還是這樣子活在我的內心，內化得徹徹底底，幾乎就好像他是我夢出來的一樣。

但話說回來，現實中的傑克對人說過什麼，我忘不了。曾經一個有血有肉、十分害羞的田納西大學女生，對我描述了那日午後在英詩課結束後，傑克引她到一旁，讚美了她的作品，然後問她想要如何安排自己的人生。欲言又止地，她坦露了自己或許想當個作家。

對這樣的答案他報以微笑，笑容中帶著無比的同理與溫情。他問道：「你有這樣的勇氣嗎？你有勇氣讓自己的作品泉湧而出嗎？你內心的寶藏在等著你說有喔。」

活出創意

我相信，所有的創意生活都卡著一個問題，那就是：**你有沒有勇氣把內心的寶藏挖掘出來？**

聽著，我不知道你內心藏著什麼寶貝，我不可能知道。你自己可能都不甚清楚，何況是我，不過我想你應該有過驚鴻一瞥。你的潛能、你的雄心、你的渴求、你隱藏的才華，都不是我能知道的。但我確信奇妙的事物必然安放在你心中，我對這點有全然的信心，因為我正好篤信：每個人都是生了腳的寶盒。我相信這是宇宙在人身上施展的一個古老又慷慨的戲法，暨娛樂了祂自己，也讓我們開心：宇宙埋藏了神祕的寶石在每一顆心深處，然後退開去，看我們找不找得著。

創意生活，就是挖掘寶石的過程。

踏出第一步的勇氣，決定了你的存在是平凡無奇還是充滿魔力。往往出人意表的探索結果，我稱之為「大神」（Big Magic）。

強化版的存在

我在這裡談「創意生活」，請了解我不見得是要談怎麼當職業或業餘的藝術家，不是要大家跑去希臘的山頂寫詩，不是要你去卡內基音樂廳表演，不是要你想辦法在坎城影展拿到金棕櫚獎。（當然你想的話，加油，盡量拚，我超愛看人「拚大隻」的。）話說回來，提到「創意生活」，我用的是比較廣義的意思，我說的是人的生活應該以好奇心為動力，而不要被恐懼推著前進。

舉例來說，近幾年我看過日子過得最有創意、最酷的，是我的朋友蘇珊。蘇珊開始學花式溜冰是她四十歲那年。不過嚴格講起來應該算是重新學，因為她小時候當過花式溜冰選手，對這項運動也一直沒有忘情。青少年階段她放棄練習，因為她好像沒有強到可以拿到金牌。（啊，美麗的青春期！「稟賦優異」的苗子會被大人圈出來好生養著，纖細的肩膀上壓著整個社會的夢想，平凡人則被放逐去過無聊的日子。這是哪門子的制度⋯⋯）

放棄之後長達二十五年，蘇珊吾友沒再碰過冰刀。反正當不成拔尖的，何必把自己搞得那麼累。就這樣時光飛逝，她四十了。四十歲的她很低潮、很煩躁，心情黯淡又沉重。她好好沉思了一番，很多人在過「××大壽」時會做的那種沉思。她問自己有多久沒發自內心覺得雀躍、喜悅了，她問自己上次覺得有創意（沒錯，就是創意）是什麼時候？結果她把自己嚇了一跳，她意會到自己有這樣的感覺已經是幾十年前的事了，當時的她還是個十幾歲的少女，當時她還在溜冰。這麼能讓自己覺得活著的事情，她竟然就這樣放棄，還放棄了這麼久，實在是太恐怖了。她很好奇自己對溜冰還有沒有殘存的熱情。

在好奇心的驅使下，她買了雙冰刀，找了家冰宮，請了個教練。心裡那些說她太亂來、太誇張的聲音，她都當沒聽到，現場只有她一個中年女性的害羞與掙扎她統統壓了下來，完全不管自己被身輕如燕的九歲小女生包圍。

她拚了。

一個星期有三天，蘇珊天還沒亮就起個大早，在其實也很需要全神貫注的正職開始之前跑去溜冰。溜著溜著，她確定了，她對溜冰還有愛，而且愛的程度一點也沒有減少，甚至可以說比以前更愛也不為過；因為現在的她長大了，她終於懂得為了自己開心而溜。溜冰給她活力，溜冰讓她忘記年齡。她不再感覺自己只是商人的提款機，也不再覺得自己的生活只有工作跟責任。她在塑造自己，她在成就自己。

這是一場革命，貨真價實的革命，畢竟「革命」與「旋轉」在英文裡拼法相同。於是乎，她在冰上轉動的每一圈都賦予她生氣，都是一場又一場、一場又一場小小的革命……

請注意，蘇珊吾友並沒有辭職不幹，沒有賣掉房子，沒有切斷跟人的關係，也沒有搬到多倫多找超嚴格的奧運級教練一週練上七十個小時。這也不是勵志故事，蘇珊最後沒有贏到什麼金牌，也沒有必要。事實上，這故事不會有什麼「最後」，因為蘇珊到現在還是每週好幾天早起去溜冰，只因為透過溜冰，她可以覓得日常生活中苦尋不著的美感與超脫，她希望有生之年可以盡量處在這種超脫的狀態中。

如此而已。

這就是我說的「創意生活」。

創意生活的過程與結果或許因人而異，而且這差異不由得人小覷，但我可以向各位保證一點，那就是創意生活是一種強化的、放大的生活。這樣的日子過起來更廣大、更快樂、更寬闊，更不用說超級有趣得多。這樣的生活，這種不斷在內心挖掘寶石的過程就是一種藝術，這點無庸置疑。

因為創意生活，就是「大神」永遠的居所。

怕東、怕西、好多可怕的東西

接下來談勇氣。

如果你已經不缺勇氣去挖掘內心的寶石，很好。你的生活多半過得很精采，這樣的你不需要這本書。繼續當自己的天王天后吧！

但如果你剛好少了一點勇氣，也別擔心，現在就讓我來幫你弄點來。創意生活是勇者的道路，這點我們都了然於胸；我們也深知勇氣一死，創意也難獨活。我們還知道恐懼是個荒涼的亂葬崗，人的夢想到了那兒就只能曝屍於烈日之下。這些都算得上是常識，問題是該如何因應我們有時一無所知。

哪些狀況會讓我們不敢去過創意生活，我們來列個表：

你怕自己沒有才華。

你怕自己會遭人打槍、批評、揶揄、誤會，更糟的是受人忽略。

你怕自己的創意沒有市場，沒有市場感覺就像是場瞎忙。

你怕別人已經做過而且做得更好。
你怕大家都已做過而且做得更好。
你怕有人會把你的創意偷走，與其那樣還不如讓想法不見天日，至少安全一點。
你怕別人不把你當回事。
你怕自己的工作沒有政治上、經濟上，或藝術上的影響力，改變不了任何人的生活。
你怕自己的夢想很好笑、很丟臉。
你怕有天回頭一看，才發現所有的時間、精力與金錢都等於丟到水裡。
你怕自己沒辦法堅持到底。
你怕自己沒有足夠的工作空間、財務自由或空閒時間來專注於你有興趣的發明或探索。
你怕自己不是科班出身。
你怕自己太胖。（我不知道胖瘦跟創意有什麼關係，但經驗告訴我很多人怕胖，所以就姑且列進來吧，就當我寧可錯殺也不要放過。）

你怕別人發現自己的專業不夠強，怕被當成傻瓜，怕別人發現自己只是業餘玩家，是個自戀狂。

你怕有些東西曝光會惹毛家人。

你怕太高調，同儕或同事會說話。

你怕自己內心最深處的惡魔會掙脫出來，而你真的很不想對決這個大魔頭。

你怕自己已經走下坡了。

你怕自己根本沒有上坡過。

你怕自己沉潛太久，現在想浮也浮不起來了。

你怕自己太老。

你怕自己太小。

你怕老天給過自己好運，不會有第二次了。

你怕老天不打算給自己好運，你試過太多次了。

你怕自己只是曇花一現。

你怕自己連曇花都不是。

聽好，我還有別的事要忙，所以列表就到此為止，反正這表要列是列不完的，而且愈列人愈沮喪。反正我想說的就是三件事情：怕東、怕西、好多可怕的東西。

每件事看起來都去你媽的可怕極了。

守護自己的缺點

請別誤會，我之所以一副好像很懂，好像以「恐懼」的權威自居在講話，是因為我跟恐懼太熟了。恐懼從頭到腳我都知之甚詳，就像每吋我都摸過一樣。我這輩子都在怕，我從生出來就開始怕。這我沒有亂講，我家裡任何一個人都可以給你問。他們會告訴你沒錯，我就是個超容易抓狂的小孩。我最早記得的事情就是怕，然後接著的也是不停的怕怕怕。

成長的過程中，我怕所有小孩合理該怕的事情，所以我怕黑、怕陌生人、怕游泳池比較深的那端。但一長串其實沒什麼好怕的事情，我也照怕不誤，所以我怕雪、怕爸媽請來顧我的超nice大哥哥大姊姊、怕車、怕公園裡給小孩玩的地方、怕樓梯、怕《芝麻街》、怕電話、怕桌遊、怕雜貨店、怕草看似會割人的邊緣、怕任何沒體驗過的處境或場合、怕任何敢蠢動的東西，我怕的東西真的是說也說不完。

我就像個很敏感，很容易有陰影的小動物，只要「力場」受到一絲絲的擾動，我就會說哭就哭。我爸受不了，給我取了個小名叫「可憐的珍珠」。八歲那年的夏天，我們到德拉瓦州的海灘去玩，結果大海一整個惹到我，我於是吵著要爸媽叫所有人不准下海逐浪玩耍。（我就是覺得大家要是都能躺在毛巾上，安安全全地看書，我會感覺比較舒服，這樣的要求很過分嗎？）要是可以順自己的意，我想我會整個暑假，不，是整個童年都當個小宅女，把我媽的膝蓋當枕頭，在昏暗的燈光下躺著，最好額頭上再用冷毛巾敷著。

我接下來要說的話很超過，但我就說了：我應該會很想要一個有「代理性孟喬森症候群」[1]的人當媽媽，這樣她就可以跟我一起假裝我一天到晚體弱多病甚至快

1 孟喬森症候群是小孩裝病，代理性孟喬森症候群（Munchausen syndrome by proxy）是大人假裝小孩有病，強加照顧或治療。

要沒命，我一定會完全配合她，完美詮釋一個小孩可以多麼無助，給我一個機會我一定全力以赴。

可惜我沒有這種媽媽。

差遠了。

現實中，我的媽媽完全不吃這一套。她完全不讓我在那裡演戲，但這應該算是我超好運吧。我母親生長在明尼蘇達州的農場，是北歐斯堪地那維亞移民雙親的掌上明珠。如此驕傲的她可不打算寵個小屁孩，門都沒有。對於我這種直接到好笑的怕東怕西，我母親打算要好好整治一番。每次遇到關卡，她就叫我去做我最害怕的事情。

怕海？給我下海！

怕雪？去給我剷雪！

怕接電話？家裡的總機就是你了！

我媽並不是軍師級的人物，想法也不複雜，但她的執行力超強。相信我，我有反抗。我使出哭鬧、擺臭臉，明明會的事情也故意亂做。反正我就是不想好好的。

我故意殿後，拖著腳步，裝作發抖，我使出渾身解數來證明自己腦波很弱，體能更弱。

但我媽一眼就能識破，「少來了，你一點都不弱。」

我用了好多年抗拒母親對我不可動搖的信心，結果青春期有一天我終於了解，這樣的對峙實在是太詭異了。守護自己的缺點？這真的是我想要拿命去固守的山頭嗎？

有句話說：「想把自己的手腳給綁起來，沒人攔著你。」

我幹麼要讓自己綁手綁腳。

還好我不是真的這樣想。

希望各位也不要這樣想。

害怕很無聊

這些年來，我常想自己是怎麼會突然不想當「可憐的珍珠」？這樣的轉變背後當然不只一個機緣（媽媽是鐵娘子，我自己也會長大），但更關鍵的，是我終於了解：怕，真的是很無聊。

當然，其他人一直都覺得我怕東怕西很無聊，但連我自己都無聊到受不了，是青春期中段好不容易才體會的。我覺得這個也怕那個也怕很無趣，我想這跟傑克・吉兒伯特覺得當個名人很無聊，兩者應該是同一個原因：一成不變。

差不多十五歲的時候，我突然發現自己害怕的心情一成不變。沒有深度、沒有實質內容、沒有質感，我的恐懼從來不曾改變，不曾給我驚喜，不曾有過意外的插曲或結局。我的恐懼就像一首沒音沒調，甚至歌詞也只有一個字的歌曲，而這個字就是「停」！恐懼從沒讓我覺得有趣，覺得有值得咀嚼的興味，恐懼給我的只有一聲不停反覆而且轉到最大聲的：「停！停！停！停！」

這意味著我的恐懼做什麼決定都很無聊，而且很好預測，就像那種多重結局的故事書一樣，只是每次的結局都是同一個：「虛無」。

我還了解到自己的恐懼之所以無趣，是因為我怕的東西跟別人都一樣。我發現其他人的恐懼主題曲唱起來跟我的一模一樣，前奏跟副歌都是「停！停！停！

停！」確實，恐懼在不同人心中的音量大小會有不同，但歌曲本身還是同一首。人類在母親子宮中孕育的時候，已配備好了同規格的基本恐懼套件。事實上也不是只有人，如果你把手指掠過培養皿中的蝌蚪上空，小蝌蚪也會在你的陰影下抖一下。蝌蚪不會寫詩，沒辦法高歌，更不懂得愛、忌妒或勝敗，但驚嘆號大小的腦容量也知道要害怕未知。

嗯，這點跟我一樣。

我們都一樣。但這真的不值得驕傲。你知道我在說啥嗎？我想說的是「怕」不能加分，面對未知會抖並不是什麼專長。恐懼是一種古老的生物本能，是演化的關鍵……但絕對不帥。

在年輕的荒唐歲月中，我一直把心思放在恐懼上，一副好像「怕」是我的賣點一樣，殊不知「怕」其實是我最不特別的地方。事實上如果要選一樣我百分之百完全不特別的東西，那就是「怕」了。我有些想法很有創意，我的個性也可以讓人耳目一新；我夢想著跟別人不一樣的事情，用不同的角度看事情，對未來也有跟別人不一樣的期許。唯一就只有害怕這件事了無新意。我的恐懼不是什麼手作的精品，而是量產的複製品，任何一家賣場的架上都有。

我要拿害怕當自己形象的核心嗎？

明知道害怕是我最沒有特色的一點？

明知道害怕是我內心那隻無腦小蝌蚪的生存反射？

我不要。

你需要的恐懼，跟你不需要的恐懼

這麼讀下來，你大概以為我的下一句是：人要無所畏懼才能過創意生活。但我不打算這麼說，因為我剛好沒有這樣的想法。創意確實是勇者的道路，沒錯，但勇敢不等於無懼，這兩者的差別你一定要謹記。

勇敢意味著要去做一件可怕的事情。

無懼意味著不知道可怕是什麼意思。

如果你把目標放在無懼，那我會說你的方向從一開始就錯了。我所知真正無懼的，都是標準的神經病，外加一些年僅三歲的超級小屁孩，你想當哪一種？

真相是，有些害怕是必須的，畢竟什麼都不怕的人，很快就會變成死人。演化有一件事情是對的，就是在我們腦中安裝了反射性的恐懼。要是沒有恐懼，你的一生就會很短暫、很離譜、很愚蠢。你會挑戰公路的車陣，毫無準備就去野外求「死」，讓熊飽餐一頓。不諳水性的你會從夏威夷的岩岸邊一躍而下，深入瘋狗浪；你會嫁給第一次約會就說「一夫一妻制不符合人性」的男生。

所以，看吧，你絕對需要恐懼，恐懼可以保護你。

你不需要恐懼的，是創意的表達。

真的，你不用怕。

當然不用怕不代表不會怕。相信我，怕是一定會怕的，尤其是你想要發明什麼或有點創新的時候。恐懼跟創意的開關是同一個，因為創意是要你面對未知的結局，而恐懼最討厭的就是未知的結局。人的恐懼本能在演化的設定裡，敏感度跟反應的強烈程度都被調到最高，任何一種未知的結局都會自動跟死於非命畫上等號。基本上，人的恐懼就像大賣場的警衛以為自己是美國菁英的海豹特遣隊：幾天沒睡

又猛灌紅牛的這位仁兄會看到自己的影子就胡亂開槍，因為他自認大家的安全都需要他來保障

這都非常自然，都算是人性的一環。

你完全不用把臉遮起來。

但話說回來，與恐懼相處是我們必修的學分

公路旅行

我是這樣學會與恐懼共處的：我很久以前就決定，如果我希望生活中存在創意（我也確實如此希望），那我就要留下空間讓恐懼存在。

而且一定要留夠空間。

我決心要在裝潢「心房」的時候留出足夠的坪數讓恐懼與創意和平共存，畢竟這兩個傢伙看來很難分開。其實我覺得自己的創意與恐懼是連體嬰，而我會這麼想，是因為我內心的創意小姐每踏出一步，恐懼都在她身後亦步亦趨。恐懼跟創意

是一胎生出來的，有些重要的器官功能還是共用的；所以我們面對恐懼要格外小心，不能動不動就喊打喊殺，我見過有人為了把恐懼幹掉，結果是恐懼與創意一屍兩命。

我不會把恐懼趕盡殺絕，也不會對恐懼宣戰。相反地我會留空間給害怕，而且空間無上限，全年三百六十五天開放。包括此時此刻，恐懼都有專屬的空間可以使用，這傢伙想要在裡頭過日子、深呼吸，伸展肢體都沒有問題。我的感覺是愈不去抗拒恐懼，我就愈不會感受到恐懼的反作用力。我放鬆，恐懼就放鬆。事實上我都很誠摯地邀請恐懼跟著我四處趴趴走，甚至在生活中任何新的嘗試或冒險之前，我都會致詞歡迎恐懼蒞臨。

內容大致如下：

> 親愛的恐懼：創意跟我約好要去公路旅行。我知道你會一起來，因為你從不缺席。我承認你覺得自己在我的生活中擔任要職，也很認真地在扮演你的角色。顯然我不論準備做什麼有趣的事情，你的任務都是要引發我全面性的恐慌；且

容我說一句，你在這方面是箇中高手。所以不用客氣，既然你覺得必須如此，那就繼續敬業下去。但在這趟公路旅行中，我也會善盡本分，全力以赴跟集中注意力。創意也會把自己的事情做好，那就是扮演好啦啦隊的角色，提供我刺激與靈感。這輛車載三個人綽綽有餘，所以你不用擔心，做自己就行。只是有一點不要忘記：**一路上所有的事情都由創意跟我決定**。我不否認，也尊重你是家裡的一分子，所以有任何活動我都不會排擠你。但話說回來，我永遠不會採納你的任何建議。你可以列席，可以有聲音，但投票你可不能參與。你不准碰地圖，不准說要繞路，不可以調冷氣溫度，也不准選廣播節目。但這些都是小事，最重要的是你，我親愛的老朋友，你絕對不准開車上路。

完成行前說明後，我跟創意還有恐懼就可以出發來個三人行了。我們會肩並肩，再次一同朝著未知結果的神奇國度邁進。

為什麼值得一拚

壯遊帶著恐懼一道去，想要舒服或輕鬆顯然不那麼容易，但絕對值得一拚。因為你要是不能學著適應恐懼隨行，很多有趣的地方跟事情就跟你無緣了。

這樣當然很遺憾、很可惜，因為人生雖短卻得來不易，還神奇地像是個奇蹟。聰明如你會想用此生去從事真正有趣的活動，去創作真正有趣的東西。至少我知道你想，因為我也想。

沒有人不想。

你內心埋著寶藏，貨真價實的寶藏，就跟我一樣，就跟我們身邊的每個人一樣。讓寶藏重見天日需要下點工夫，需要信心、專注、勇氣與長時間投入。而時間不等人，世界的變化也不等人，我們必須停止小鼻子小眼睛，趕緊換上大格局。

神性附體

靈感降臨

交代完恐懼，我們終於可以來談「神」了。

首先，我想分享我經歷過「最神」的事情。

我想講的是我沒寫成的一本書。

這故事要從二〇〇六年的春天說起。剛出完《享受吧！一個人的旅行》（*Eat, Pray, Love*），我正盤算著寫作生涯的下一步該怎麼走。這時內心一股聲音要我回到文學的根，要我事隔多年重新寫本小說。但生疏太久，我怕自己已不記得小說怎麼寫了，怕小說成了我遺忘的語言。只是突然間我有了靈感，一個我覺得拿來寫小說很棒的靈感。

這個靈感源於某天夜裡，親愛的斐利貝（Felipe）跟我說了一九六〇年代他小時候發生在巴西的一則故事。不知怎地，巴西政府想要開闢一條巨型的高速公路貫穿亞馬遜叢林。當時巴西的開發案遍地開花，國家如火如荼地追求現代化，所以這樣一種規畫在當時的環境或許是極有遠見的。巴西人丟了一大筆錢到這個雄心大志的計畫中，國際投資人也共襄盛舉，一擲萬金。當然這當中很大一部分資金在腐敗的體系中進了無能官僚如黑洞般的口袋，但最終還是有足夠的錢慢慢滲流到位，於是公路還是動工了。前幾個月的工程很順利，進度都有，一小段公路開始浮現輪廓，叢林終究不是人的對手。

然後雨季來臨。

如今看來，所有主事者都沒意會到巴西的雨季是什麼光景。轉瞬間，工地變成水鄉澤國，人在裡頭全無立足之地。營造團隊被迫撤離，帶不走的機器全泡在幾呎深的水裡。事隔數月雨停了，他們回到工地，才驚恐地發現叢林幾乎吞噬了這條興建中的公路。大自然完全抹煞了他們之前的努力，人力沒留下任何痕跡，道路也看不出任何雛形，就像一切都沒發生過似地。工人甚至看不出自己之前做到哪裡，重型機具也都無蹤無影。但這些東西並沒有被偷走，而是被吞掉了。斐利貝說的是：「輪胎有一個人高的推土機陷進土裡，不見了，沒了。」

我聽著斐利貝跟我說這故事，尤其說到叢林把機器給吃了，一股寒意穿過我的雙臂。我後頸的寒毛立刻豎起，人也感覺有點噁心有點暈。我覺得自己感覺又像戀愛，又像因為重大消息而受到什麼打擊，也像在峭壁邊眺望風景如此壯絕而目眩神迷卻又危殆至極。

我不是沒體驗過這樣的情緒，所以我馬上意會到這是怎麼回事。如此激烈的情感與生理反應不常來襲，但也不算稀奇（加上古今中外太多的類似案例），於是我決定很有信心地點名：靈感，是你！

靈感蒞臨，就是這樣的心情。

靈感是怎麼一回事？

行文至此，我想我應該先坦白一下：我這一輩子都在追求創意，在這過程中也發展出我認為靈感是怎麼回事、該如何與靈感「共事」的一套觀察——靈感，完全植基於「神力」，這點我毫不諱言。說到神力，我是真的相信，就像哈利波特相信霍格華茲學院一樣。我用神力來指涉超自然、神祕、科學無法解釋、超現實、神聖、超越世俗、只應天上有的「此物」，因為老實說，我相信創意是一股神力，這股神力不完全來自人性。

我沒瘋，我知道這樣的看法不太趕得上時代，不夠理性，而且全然沒有科學根據。才前幾天的事，我聽一位望重四方的神經科醫師在受訪時說：「創造性的過程看似神奇，其實不然。」

沒有不敬之意，但我不同意。

我認為創造性的過程非常神奇（magical），是種神力（magic）。

因為我選擇相信創意的運作方式是這樣的：

我相信我們的星球上住著動物、植物、細菌與病毒，也住著靈感。靈感做為一種沒有形體的能量生命型態，跟我們有著絕對的距離，但又可以跟我們互動，雖說互動的方式比較奇特。靈感沒有具體身形，但它們確實有意識，更必然擁有意志。推動靈感前進的，是一股想要「現身」的衝動。而靈感想現身來到這個世上，就必然得與人類合作。只有透過人的作為，靈感才能從虛無飄渺中獲得引領，才能進入到真實存在的領域。

抱著這種心態的靈感會永恆不絕地在我們身邊環繞，尋找有空又有心的人類夥伴（我這裡說的是所有的靈感，不分藝術、科學、理工、商業、道德、宗教或政治）。靈感一旦覓得人選（比方說，你），一旦評估這人有條件讓自己現形，它就會來找你，它會設法引起你的注意。但多數時候你不會注意，主要是你往往太沉迷於自己的小劇場。你總是焦慮、分心、不安，加上有很多責任在身，所以你接收靈感啟發的天線往往忘記打開。你會因為看電視、因為逛街、因為生某人的氣、因為氣自己沒把事情做好，或者單純因為忙碌而錯過靈感發出的訊息。靈感會一連對你招手好幾次、好幾個月，甚至好幾年，直到某天若是判定你有眼無珠，它就會另覓他途。

但有時候，某天醒來的你會懷抱著開放的心胸與輕鬆的態度去接受新事物——這種場合少則少矣，卻壯麗得讓人驚喜。你雙耳的蓋子會稍微打開，你的焦慮會稍微放下，平日不得其門而入的神力就此找到縫隙。察覺到你卸下心防的靈感會開始「針對你」。它會發出超越語言的生理與情緒訊號（兩臂發冷、後頸寒毛豎起、胃緊繃、腦子裡想法一堆在那嗡嗡叫、感覺戀愛或沉迷），希望你知道靈感來臨，希望你得到啟發。靈感會召集大量的巧合跟徵兆在你經過的路途上，讓你興致維持高檔。你開始注意到各式各樣的訊號，要你把目光朝著靈感對焦。你看到的、摸到的、從事的每件事物都提醒你靈感在對你揮手。靈感會在半夜把你叫醒，會在白天讓你對日常行事突然分心。除非你正視它的存在，否則它絕對不會善罷甘休，更不可能讓你放空。

然後，在你意想不到的某個尋常瞬間，靈感會丟出這樣一個問句：「想跟我合作嗎？」

在這條叉路的入口，你有兩種選擇。

說不好會怎樣

最簡單的回答，自然是說不。

說聲不，你就解套了。靈感自討沒趣就會走開，恭喜！你不用大費周章去創造什麼了。

我得澄清一下，說不，不見得丟臉。確實，你可能偶爾會出於懶惰，或因為擔心害怕、沒自信、鬧脾氣而把上門的靈感打了回票。但也有些時候你之所以說不，是因為時機或場合真的不對，或因為你手上已經有別的案子在忙，乃至於因為你確定靈感敲錯門、找錯人了。

我自己就有過不少次被我確信是錯誤的靈感搭訕，而我也委婉地對他們說：「我很榮幸得到您的邀請，但我真的不是您的真命天女。且容我滿懷敬意地建議您改找，嗯，芭芭拉．金索夫（Barbara Kingsolver）。」（要把靈感送出門，我一定是客氣到不行；我們在大千宇宙中也是有名聲要顧，有口碑要做的，要被萬事萬物知道你難搞，那就不好了。）總之不論你是要接受還是要發卡，都要對來告白的靈感抱持同理心。別忘了：人家只不過是想要「投胎」到人世中而已，人家很努力，挨家挨戶面試可是很辛苦的。

所以有時你不得不說不。

說了不，就啥事都不會有。

大多數人都選擇說不。

大多數人終其一生，每天的行程都包括晃來晃去，嘴裡不停說著不、不、不、不、不。

但話說回來，哪天你一不小心就說了聲好。

說好會怎樣

要是你說好，那好戲就開鑼了。

說了好，情況會變得既簡單又困難。說好就代表合約開始跑，你必須按照合約的規定去履行意義，直到最後好歹有個結果為止。雖然這結果真的很難逆料。

合約內容你想怎麼談都行。但是在現代西方文明中，最常見的靈感合約好像還是要你犧牲。這種合約會寫：「依約我將自我毀滅，還有我身邊的人也不能倖免，就只為了把靈感帶到人間；我終極的犧牲將是一枚勳章，見證著我靈感的原創。」

簽下為創意獻身的合約，你就要有以藝術家之姿飽受磨難的覺悟，好消息是你會有很多「學長」可以模仿。為了向這些前輩致敬，有一些基本的事項你得做到：卯起來酗酒、人際關係統統打壞、在內心跟自己打架還打到鼻青臉腫、一天到晚抱怨工作、愛比較又見不得同儕表現好、別人的任何成就都要酸、到處說自己的才華是命運的詛咒（而非眷顧）、把自我價值建立在外來的肯定上、勝驕敗餒、棄明投暗、英年早逝、生不逢時。

這一套，行得通嗎？

當然行得通，可好用的呢，只是你會把自己搞死罷了。

有決心，你大可這樣幹。真的，別客氣，別為我或誰的幾句話錯過了你以身相殉的良機，就看你想不想拚！不過話說回來，這條路是不是一定能產生什麼傲人的成果，或能不能讓你和親朋好友得到長久的安慰與平靜，我也不敢說。我只能說這條路走下去應該會轟轟烈烈，刺激精采樣樣不缺，而且你的事蹟應該可以在身後拍成很棒的電影。所以如果你覺得生命的價值不在長度，如果你希望這一生是齣短暫、精采，什麼都玩到的悲劇（很多前輩真的都玩夠本了），那就請自便。

但是我總覺得藝術家在發脾氣、摔東西的時候，繆思女神會安靜坐在工作室的角落修指甲，耐心等著這傢伙冷靜、清醒過來，大家才好專心在藝術工作上。

畢竟說到底，作品才是王道，不是嗎？是吧。

發脾氣摔東西，應該不是唯一的選擇，是吧。

我可以提個建議嗎？

另外一條路

另外一條路，是帶著謙卑與喜悅的心情跟靈感充分合作。

我相信綜觀歷史，大部分人剛開始面對創意，心裡都是謙遜與喜悅，至於最後還是搞得像波希米亞人一樣，不受羈絆地過起藝術家的荒誕人生，那又是另外一個故事了。你可以用敬意與好奇心去接待創意，而不要那麼激動，那麼恐懼；你可以把擋在你與創意人生之間的種種阻礙移開，只要你清楚對你自己不好的，對你的工作大概也不會好。你可以少喝點酒來保持敏銳；可以顧好人際關係，避免自尋煩惱而導致分心；可以放膽為自己的創作沾沾自喜（如果嘗試某項創意沒有成功，你也可以安慰自己這是個有益的學習過程）。你可以面對奢華的引誘，面對責難與羞慚都堅定不移；你可以支持別人實踐創意，坦承這是片藍海，人人可以有一席之地；

你可以用專注與付出，而不用成敗來衡量自己的價值；你可以（透過治療、復健、祈禱或謙遜）對抗心魔，而不跟自己的天分或才華過不去——這有一個祕訣是記著惡魔反正從不出席創作。你可以堅信，面對靈感自己既非奴隸也不是主人，你是靈感的合作夥伴，而這角色有趣多了。你跟靈感共同創作的，是一件可以打動人心、具有意義的作品。你可以長命百歲，而且每天都以創作者的身分過得很酷很充實；你可以靠創作謀生也可業餘從事創作，重點是你知道金錢不是重點。而且到了人生的盡頭，你可以對創意說聲謝謝，感謝它如此眷顧你，陪伴你一生過得如此有趣而熱情。

這也是條路。

看你怎麼選。

靈感的成長

繞了一圈，讓我們回到「神力」的故事。

在斐利貝分享亞馬遜往事的加持下，我被一個非同小可的靈感打到。這靈感就是我應該寫本小說，而且把故事背景設定在一九六〇年代的巴西，尤其那條歹命叢林公路的興建過程更應該是這本小說的主線。

如此的設定讓我覺得既宏大又刺激。我覺得很有挑戰性，畢竟我哪懂什麼巴西境內的亞馬遜雨林，也不懂一九六〇年代的公路建設。但話說回來，哪一樣值得努力的新事物不具挑戰性？所以我決定拚了。我跟靈感握了手，簽下了合約，我們彼此承諾會一起努力。我答應靈感不扯後腿，不人間蒸發，我會使盡渾身解數好好合作，直到共同的創作問世為止。

接下來我做了所有想拚的人會做的事情：我清出了空間，我騰出了家裡跟我心裡的那張桌面。我要求自己每天早上都要做幾個小時的功課，要求自己每天都要早睡早起早點開始。我忍住自己喜歡的事情不玩、婉拒社交邀約，把心思留給寫作。我訂了巴西的專書，致電巴西的專家。我開始學葡萄牙文，買了我慣用的索引卡片來整理筆記。我還放手讓自己去想像故事的時空，時空有了，更多的想法跟故事情節也開始報到就位。

我決定故事的女主角是個中年的美國女性，名叫艾芙琳。一九六〇年代尾聲，政治與文化都有著大動盪，但艾芙琳在明尼蘇達內陸過著平淡的日子，她一向如此。始終單身的她在美國中西部一家大型的公路營造公司做了二十五年的執行祕書，表現幹練。這二十五年來，她默默而絕望地單戀著已婚的老闆，一位好個性、工作又努力的男性，但他眼裡的艾芙琳始終只是個稱職的助理，如此而已。這位老闆有個兒子，一個行事詭譎、野心勃勃的傢伙。這位小開耳聞巴西有這麼一筆大工程要做，就想方設法說服了老爸投標。這位小老闆軟硬兼施，讓父親點頭傾全家之財力來爭取這項標案。短時間內，兒子就手握重金與野心南下到巴西，但甫到巴西，兒子跟家族的錢財就神祕消失。聽到壞消息而大受打擊的父親於是派艾芙琳擔任他最信任的代言人前往亞馬遜，希望能找回兒子跟錢財。在責任感與愛情的驅使下，艾芙琳義無反顧地踏上旅途。但這也代表她規律而平靜的生活不再，她即將捲入的是混亂、騙局與暴力，前方等待著她的是各種意想不到的真相與插曲，當然這故事裡也少不了愛情。

我決定這本小說要叫做《亞馬遜的艾芙琳》（*Evelyn of the Amazon*）。

我寫了篇書介寄到合作的出版社，他們喜歡也買下了版權。這一買，我跟靈感的合約就進入了第二階段，這階段的合約就很正式了，有公證過的簽名，有交稿的期限，還有各式各樣的條件。我算是「撩落去」了，我得更認真才行。

靈感脫了軌

但過了幾個月，人生如戲影響到了我的人造戲劇。在一次例行的美洲之旅，我的寶貝斐利貝入境美國遭拒，被邊境的官員扣了起來。他什麼都沒做，但國土安全局不分青紅皂白關了他，然後把他驅逐出境。官方說斐利貝未來不准再入境美國，除非我們結婚。另外如果我想跟愛人度過這段不知會有多久的煎熬時期，我就得把生活全部打包，跟他到海外去住。我二話不說這麼做了，然後花了近一年的時間跟他面對這場鬧劇並處理移民手續。

生活中出現這樣的波折，自然很不利於長篇小說需要專注的寫作與繁重的研究工作，尤其我要寫的是一九六〇年代的巴西亞馬遜叢林。於是我放下了艾芙琳，但我鄭重承諾只要生活恢復穩定，就會重新拿起筆。我收起所有的筆記，還有一切的家當，飛往半個地球以外的斐利貝身邊，希望把我們的問題解決。但不寫點東西我會瘋掉，我索性決定把這段時間的生活記錄下來，也透過文字來釐清當中的千絲萬縷，希望把事情看得更清晰，就像瓊・蒂蒂安（Joan Didion）說的：「不寫出來，我不會知道自己的想法。」

寫著寫著，這段生活的紀錄變成了我的回憶錄——《約定：帶著愛去旅行》（*Committed*）。

我並不後悔寫了《約定：帶著愛去旅行》，這點我要說得很清楚。事實上我對這本書充滿了永恆的感激，因為書寫的過程讓我在婚前的極度焦慮中獲得清晰的思緒。問題是這本書盤踞我的心思許久，等事情有了結果，再回過頭來，時間已經過了兩年多。這兩年多，《亞馬遜的艾芙琳》我完全沒碰。

一個靈感晾了超過兩年，是一段很長的時間。

我心急如焚地想要重起爐灶。所以斐利貝跟我一順利成婚，回到美國安定好，《約定：帶著愛去旅行》也已經寫完，我就立刻把所有的小說筆記搬出來，在新家的新書桌前坐定，準備再度隻「筆」深入亞馬遜叢林裡。

但才剛這麼做，我就發現了一件悲慘的事情。

我的小說不見了。

靈感的離開

容我解釋一番。

我說小說不見了，意思不是有人偷了，也不是電腦檔案壞了。我的意思是小說那顆跳動的心臟不見了，創作過程該有的那股生命力不見了，就像推土機在叢林遭吞沒了一樣。確實，兩年多前的資料跟手稿都還在，但我立刻知道自己眼前的只是空殼，具有小說雛型的熱度與脈動都已經不在了。

我不是容易放棄的人，所以鍥而不舍地嘗試了幾個月，希望能讓計畫活過來。但到頭來一切的努力仍是枉然，東西都不在了。我就好像用棍子在戳蛇脫皮後留下的空殼，我愈是來回地弄它，它就分崩離析得愈快，煙消雲散得愈徹底。

我想我知道這是怎麼回事，因為我看過同樣的事情：我的靈感等得不耐煩，於是選擇離開。我其實不能怪人家，畢竟違約在先的是我。我答應了要全心全意投入《亞馬遜的艾芙琳》，卻背離了承諾。晾了人家兩年多，你要人家怎麼想？換成你枯坐著等不到關愛的眼神，你會如何？或許有些靈感特別能等，保存期限長達數年，甚至數十年，你一回頭它還在癡癡地等。但畢竟靈感跟人一樣有不同的天性，有些是不等人的。你會悶在檔案盒裡，讓你的合作夥伴對你視而不見兩年多嗎？我想是不會。

因此，我那苦守寒窯兩年多的靈感做了所有稍有自尊的生命都會做的事情，那就是選擇離開。

這不過分，是吧？

畢竟這就是跟創意簽約的另外一面：如果靈感可以說來就來，那它當然也可以說走就走。

要是年輕些，失去《亞馬遜的艾芙琳》的打擊可能會讓我一蹶不振，但這個階段的我歷經長年的想像力遊戲，已經可以適度掙扎然後放手。我可以哭，但我沒有，因為我深諳合約的條件，願賭服輸就是這麼回事。我了解這種狀況，能做的就是放手讓舊愛走，然後希望下一個靈感會更好。想恢復得快一點，人就要謙卑，要展現往前看的風度。不要愁眉苦臉外加死纏爛打，不要折磨自己，不要怨天尤人，一切都是緣分，都只是靈感受到干擾的結果，最笨的人才會繼續自己干擾自己。想難過可以，但難過也要有點分寸，最好還是能跟已逝的靈感好好道別，同時帶著尊嚴，目光往前。找別的事情做，任何事都好，手邊有什麼做什麼，跳進去就對了，一直忙，不要想。

但更重要的是要有所準備。要眼觀四面，耳聽八方，讓好奇心給你方向。想問就問，想聞就聞，心胸保持開放。雖然感覺像是奇蹟，但請相信，日復一日，新穎而神奇的點子都在人間找尋合作夥伴。各式各樣的靈感隨時都在我們面前奔馳，隨時都與我們擦身而過，隨時都在招手要我們回頭。

讓它們知道你現在有空。

還有拜託拜託，下個靈感請勿再錯過。

這真是太神奇了

我的亞馬遜叢林故事應該就到此為止了，但事情竟然還沒有完。

就在我的靈感消失得差不多的同時，二〇〇八年，我交了個新朋友，小說名家安・派契特（Ann Patchett）。我們在紐約市認識，因為我們同時出席了以圖書館為主題的座談會。

你沒聽錯，有以圖書館為題的座談會。

作家生涯是無止境的多彩多姿。

我立刻就對安產生了好奇心，但這不僅僅是因為我一直是她作品的粉絲，我對她感興趣是因為她本人也是一種奇特的存在。安有一種可以把自己「縮小」到幾乎隱形的「特異功能」，而隱形讓她可以不受打擾、不動聲色地去觀察、書寫周遭的世界，不會引人注意。換句話說，她的超能力就是隱藏她的各種超能力。

所以第一次跟安共處一室，我並沒有立刻認出她這位大作家，也就不足為奇了。她外表之不起眼、瘦小與年輕，我幾乎以為她是誰的助理，甚至是助理的助理。後來我恍然大悟她的真實身分，那瞬間我心裡的OS是：天啊，她看來也太沒殺傷力了吧！

但我被騙了。

一個小時後，站在演講桌後的派契特女士說出了我當時僅見的精采談話，聽來醍醐灌頂外加茅塞頓開。她的演講讓全場為之震動，讓我內心餘波盪漾。然後我才意會到這位女性其實是個巨人，是個強人，是個亮麗、熱情、聰明的女人。就好像她用力掀開了隱形斗篷，現出了女神的本尊。

我被震懾住了。我沒看過在現場變身這麼快、落差這麼大的人。我這人是沒在不好意思的，所以活動一完我就衝上前去，一把抓住她的手臂，說什麼也要在她再次混入人群銷聲匿跡前把這隻神奇的生物給逮著。

我說：「安，我知道我們才剛認識，一點也不熟，但我得告訴你，你很棒，我愛你！」

話說安．派契特是個有分寸的女人。她看著我，眼神不意外地帶著不屑跟不解。她應該是在打量我，而有那麼一下子我有點不知該如何自處。但她接下來的反應可以說無價。她兩手捧起我的臉來，把我給親了。親完後她煞有介事地說：「我也愛你，莉茲．吉兒伯特。」

友誼的閃燃就在一瞬間。

不過我們倆的友誼比較特殊就是了。安跟我住得不近（我在紐澤西，她在田納西），所以我們不是那種可以每星期約吃午餐的友誼。我們都不喜歡在電話上聊天，也都不樂見把兩人的互動寄託在社群網站上。最後我們敲定用幾近失傳的鴻雁往返來維繫這段關係。

直到今天，寫信已經像是個傳統一樣存在於安跟我之間，我們給彼此寫過許多篇幅不短、心意甚豐的信件，一個月一封。這些都是寫在扎扎實實的紙上，貨真價實的信件，信封跟郵票都一應俱全。朋友這種交法確實很老派，但我們倆都是老靈魂。我們在信裡聊到彼此的婚姻、家庭、友誼、挫折，但我們最常交換意見的，仍是寫作。

也就是在這樣的背景下，二〇〇八年的秋天，安隨口在信裡提到她剛開始寫本新的小說，而且主題是亞馬遜的叢林。

嗯，這叫我如何不注意。

我在回信裡問她小說的詳細內容，我說我之前也打算寫本以亞馬遜叢林為題的小說，但因為我的疏忽而讓靈感溜走（我知道安會懂我在說什麼）。安在回信裡說她剛動工，還不確定這本叢林小說主要談什麼。所以一切還早，安的故事還展現著可塑性，有動靜她會隨時向我報告。

隔年二月份，安跟我見了有生以來的第二面。我們都要在奧勒岡州波特蘭市的一場活動中上台。活動那天早上，我們在下榻飯店的咖啡廳共進早餐。安跟我說她小說已經寫到如火如荼的階段，手稿超過一百頁了。

「OK，你葫蘆裡到底在賣什麼藥？你的亞馬遜小說到底在寫什麼，你現在真的得從實招來了，」我說，「再被蒙在鼓裡我會死。」

「要招你先招，」安說，「先動起亞馬遜腦筋的是你。你先說說你那本無緣的亞馬遜小說吧，你原本打算寫些什麼？」

我盡可能長話短說地介紹自己的「前任」。我說：「我的小說主角是明尼蘇達州一個單身中年女性，她多年來默默地愛著自己已婚的老闆。這個老闆沒想清楚就涉入了亞馬遜叢林區的一項開發案，緊接著有個人帶著一大筆錢不知去向，然後我們的主角就奉派去處理危機，至此她的平靜日子整個翻轉，混亂接踵而至。喔對了，這也是個愛情故事。」

隔著桌子，安對著我注目良久。

在我往下說發生了什麼事之前，我必須（很不像我自己地）停下來向各位解釋一下。安．派契特是位無可挑剔的淑女，她的禮貌與體貼無懈可擊，她身上找不到任何一點低俗或粗魯。但也因為這樣，她接下來說的話才格外令人震撼：

「你他媽的是在跟我開玩笑吧。」

「怎麼了？」我問，「你的小說在寫什麼？」

她一字不差地回答說：「我的小說主角是明尼蘇達州一個單身中年女性，她多年來默默地愛著自己已婚的老闆。這個老闆沒想清楚就涉入了亞馬遜叢林區的一項開發案，緊接著有個人帶著一大筆錢不知去向，然後我們的主角就奉派去處理危機，至此她的平靜日子整個翻轉，混亂接踵而至。喔對了，這也是個愛情故事。」

什麼鬼？

這不是一種小說類型好嗎，各位朋友！

這情節不是什麼斯堪地那維亞的北地殺人謎案，不是吸血鬼的浪漫戀愛，這是條非常獨特的故事線。你可以去書店，請店員帶你去「明尼蘇達單身中年女單戀已婚老闆，然後奉派去亞馬遜叢林尋人兼讓開發案起死回生」小說區，看店員會不會把你當神經病？

沒有這種東西好嗎！

我承認，如果細究的話，我的版本跟安的版本還是有些不同。我的小說時空設定在一九六〇年代，安的是現代；我的是在講公路開發，她的是在講藥品研發。但除此以外呢？除此以外，這兩本小說講的根本是同一個故事。

你可以想像安跟我花了點時間才恢復冷靜。然後，就像孕婦想確定自己哪天有喜一樣，我們開始拿出手指往回數。我們想知道我是何時跟靈感分手，而安又是何時與靈感碰頭。

結果是，我們的時間兜得攏。
事實上，這個靈感應該是剛好在我們認識的那天換手。事實上，我想她親我那一下就是「罪魁禍首」。
而那，各位朋友，就是「大神」的傑作。

鏡頭拉遠，看清楚點

嗯，在我們大肆慶祝之前，我想先冷靜一下。我想請大家想一想，如果我有自毀的傾向，這項發展可以有哪些負面的解讀。

首先，最糟糕、最具殺傷力的結論應該是安．派契特偷了我的創意。這樣的想法當然很荒謬，因為安根本沒聽過我的點子，更別說她是我近距離觀察過最有道德感的個體。但人總是帶著恨意歸納出錯誤的結論，明明沒有被搶，卻仍說服自己他們被搶了。這樣的心理來自於一種可悲的匱乏念頭，來自於我們認為世界什麼都缺，沒一樣東西可以人人有份。這種心理的人有一個座右銘：**別人把我的東西搶走**

了。要是我也這個死樣子，那我肯定會先失去安這位摯友，然後掉入憎恨、妒忌與怨天尤人的天坑之中。

我有另外一個選擇：把氣出在自己身上。我可以對自己說：「看吧，說你魯蛇就魯蛇，你還不信，這下子鐵證如山了吧！這本小說屬意你，你還能搞砸，就因為你，莉茲，很爛，很懶，很笨，因為你老是不專心。就是這樣你才永遠沒出息。」

最後還有一條路：恨命不好。我可以說：「由此可證上帝眷顧安．派契特多於我。安生來就是要寫小說，而我懷疑了半天是對的，我就是個假貨。老天爺根本是故意在作弄我，而安的才華只有多，絕不怕不夠。我根本是被從頭耍到尾，而安則是從頭爽到尾。我的存在是個詛咒，充滿了不公不義與永無止境的悲劇。」

這三條路我都沒選。

我選擇把這整件事看成妙透了的小小奇蹟。我心懷感激，我驚異於自己竟也能在這場魔法中軋上一角。我這輩子最接近超自然事蹟的一次，就是這次了吧，若還讓自己那麼卑微不太可惜了嗎。對我來說，這次的事件超閃的，因為這證明了我關乎創意的異想天開可能並不瞎——搞不好創意真有生命，搞不好創意真的會去找尋

「對的人」，搞不好創意真的有意識，搞不好創意真的會在靈魂間轉移，搞不好創意真的會（像閃電一樣）為了來到地面而不斷找尋最有效率的捷徑。

此外我開始傾向於相信創意是一種智慧生物，因為發生在我與安之間的事情不僅超乎常理，而且還帶著一種出人意表的迷人風趣。

靈感歸誰

我相信靈感永遠會努力與人合作，但如果你沒準備好或剛好沒空，靈感也可能棄你而去，另擇良木而棲。

這種事情一點也不稀奇。

這就像你一早起來翻開報紙，才發現你想寫的書出版了，你想導的戲上演了，你想錄的新歌發表了，你想拍的電影上映了，你想創的事業賺了，你想開的餐廳紅了，你想申請的專利有了；或任何一種你幾年前覺得很妙，但總沒能去好好耕耘或徹底執行的構想，成為別人的資歷了。你會很嘔，但其實沒什麼好嘔，誰叫你不先做？你條件沒人家好，動作沒人家快，擔心得比別人多，想實現自我的靈感自然不選你，而去找別人，反正不怕找不到人。

《享受吧！一個人的旅行》出書之後，不知道有多少人（不開玩笑，我真的數不出來）氣我把他們的書給寫了。

「那本書的作者應該是我才對，」排了許久隊的他們一邊怒吼著，一邊惡狠狠地瞪著我幫他們簽書，這樣的身影在休士頓、多倫多、都柏林、墨爾本都有。「我本來都計畫好要寫了，你寫的就是我的人生啊！」

但我能說什麼呢？素昧平生我哪知道你的人生？從我的角度看，我只是發現了一個無主的靈感躺在地上，於是我就撿走了。能寫出《享受吧！一個人的旅行》，對我來說確實是非常幸運（不是客氣，是真的非常非常幸運），但我也確實把自己搞得像個瘋子，在這本書上下足了工夫。看過穆斯林托鉢僧穿著長裙跳舞旋轉嗎？我就像那樣每天繞著這本書的靈感打轉，一心想著它，眼睛半步離不開它，直到書寫完了我才恢復正常。

是做到這樣，這靈感才歸了我。

但這些年來，我失之交臂的靈感也不在少數，或者應該說我失去了許多我以為命定要給我的靈感。比方說，我親愛的書有人發表了、我遠大的計畫有人捷足先登了。

想當初：那年是二〇〇六，我有一搭沒一搭地想著要不要寫本大部頭的非文學書來談紐澤西州紐華克市（Newark）的歷史，連書名我都想好了叫「磚之城」（Brick City）。我的構想是追著紐華克的新任帥哥市長柯瑞・布克（Cory Booker）跑，把他為了讓紐華克振衰起敝、重返榮耀的種種努力寫成文字紀錄。這個構想真的沒有問題，但我就是沒能衝下去（老實說這計畫顯然很「厚工」，而我又已經有另外一本書在醞釀，所以我才始終沒能一鼓作氣把油門踩下去）。然後到了二〇〇九年，日舞頻道（Sundance Channel）製播了長篇的紀錄片講述紐華克市的滄桑歷史，也介紹了新市長為了「翻轉」這座城市的諸多努力，而且節目就叫做《磚之城》。我聽說後的第一個反應是大為鬆了一口氣：喲呵，我不用管紐華克了，有人代勞了！

又想當初：一九九六年，我認識了一個男生跟奧茲・歐斯朋（Ozzy Osbourne）很熟。他說歐斯朋這一家是他見過最怪、最搞笑、最瘋，也最有愛心到很另類的朋友。他說：「你非把這家人寫一寫不可！你可以跟他們相處一下，觀察一下他們家人之間的互動。我不確定你寫完可以幹麼，但總應該要有人來幫他們寫個專題，這家人實在是有趣到讓人難以相信。」

我被他說動了，但這次我還是沒能堅持下去。結果是別人跳出來為歐斯朋家族製作專題，也掀起了一些漣漪。

有許多靈感我始終沒能善用，最終往往由別人修成正果，成了別人的代表作。他人說著我再熟悉不過的故事，那些曾在我眼前晃盪，曾經由我親身經歷，或是深藏在我想像力裡的故事。對於創意被別人拿去，我不見得每次都能平常心以待，有時候我會很痛苦，有時候我得眼睜睜看著別人享受我也渴望的成功與勝利，心如刀割。

這就是人生啊。

人生就是這樣又美又謎啊。

重複獨立發現

進一步思考，我發現安跟我之間的事件是藝術版的「重複獨立發現」（multiple

discovery）。這六個字是科學界的專有名詞，意思是兩個或兩個以上的科學家分隔兩地，卻同時間提出同樣的見解或發現。這樣的案例非常多，隨便舉幾個就有微積分、氧氣、黑洞、莫比烏斯帶、平流層跟演化論。

重複獨立發現迄今沒有合理的解釋。怎麼會兩個人素昧平生，卻在同一個時間得到一模一樣的科學結論？但這樣的案例在歷史上可能多得超乎你的想像。十九世紀的匈牙利數學家亞諾什・鮑耶（János Bolyai）發明了「非歐幾里得幾何」（non-Euclidean geometry）之後，敦促他立刻發表的父親就是怕有人搶先他兒子一步。鮑耶的父親說：「某件事情如果時機成熟，就會同時在不同的地方出現，這就像早春的紫羅蘭會見到天日一樣。」

重複獨立發現並不僅限於科學領域。在企業界普遍的認知也是：劃時代的嶄新概念就在「門外」，就在空氣中浮浮沉沉，誰或哪家企業可以搶先掌握這一新概念，就可以在競爭中占上風。既然這東西沒鎖起來，大家又都想搶，自然偶爾會出現大家同時抓到的狀況，這並不足為奇（有興趣的可以去研究一下個人電腦在一九九〇年代的崛起）。

重複獨立發現甚至在愛情裡也不少見。你可能很多年都乏人問津，然後突然進入桃花期，一下子跑來兩個人追你，這也算重複獨立發現喔，真的！

對我來說，重複獨立發現就像靈感在兩邊押寶，像人聽收音機時轉來轉去，也像我們在電視前又想看這又想看那。靈感可以劈腿，可以想幹麼就幹麼，可以自己開心就好。靈感不需要對任何人解釋任何事情。（在我看來，靈感沒有不理人，我們就應該開香檳慶祝，感激涕零了；還想要求人家做事情要給理由，我只能說「你有事嗎？」）

話說到底，也就是紫羅蘭想要見天日而已。

不要因為靈感的不可理喻跟來來去去而覺得詭異，也不用為此焦躁不開心。不要抗拒，就順著它的意，跟創意訂合約打交道就是這麼難以言喻、這麼不講人間的規矩；沒有誰偷了誰，沒有誰屬於誰，沒有悲劇，沒有困局，沒有靈感來自哪個時空的問題，也不存在競爭、自我跟邊際的概念，有的只是靈感本身的執念，這傢伙就是拒絕妥協，除非找到了跟他一樣執著的夥伴（或夥伴們，這不是不可能），否則尋覓的過程永遠不會停歇。

跟著靈感一起固執。

在靈感面前拿出最開放的心胸、最高度的信任跟最勤勉的態度。

在靈感面前請全心全意，因為我保證只要你日復一日、年復一年在工作上兢兢業業，不知道哪天早上你就會刮中頭獎，開花結果，大鳴大放。

老虎的尾巴

很多人描寫過關於靈感它悄悄地來、又悄悄地走的現象，其中我覺得說得最好的，要算是美國大詩人茹思・史東（Ruth Stone）。

我認識史東的時候，她已經快九十歲了。聽她講故事很開心，因為她跟我分享了非常特別的創作歷程。她說小時候在維吉尼亞州的鄉下，她人在田野裡務農，忙著忙著，她會「聽」到詩朝著她過來——詩句穿越田野地景奔來，就像馳騁中的馬匹。每次遇到這種事情，她立刻知道必須如何反應：她會「像趕著去投胎」一樣死命衝回家，就像是在跟詩句賽跑，只希望能盡快找到紙筆來抓住詩意。這樣做，她就不怕詩找到她、穿過她，因為她將可以及時掌握住詩，將之寫成白紙黑字，就像讓詩意化成文字淌到紙頁上。不過有時候她跑太慢或找不到紙筆，這時她會感覺到詩穿過她、離開她。詩會在她體內待一下下，等待回答，沒反應就急著啟航。她還來不及抓住詩意，寫成詩句，詩就又在大地上奔馳而去，她說：「好繼續它尋覓另一位詩人。」

但有時候（也是最瘋狂的一種狀況），她幾乎跟詩意擦身而過，但最終又拗了回來。她會抓住詩的一點點，套用她的說法是抓住「詩的尾巴」，就像是抓到老虎一樣。她幾乎「有感」地單手把詩意給拉回到她的體內，另外一手則忙著把詩記錄在紙上。遇到這樣的狀況，詩句會反著順序出現在紙上，也就是最後一個字先寫出來，然後一路「倒車」到詩的起頭，但該有的字一個都不會少。

各位朋友，這活脫脫就是超勁爆、超古老、超巫毒的「大神」現身，清清楚楚在你眼前。

反正我信了。

苦幹實幹vs.好運不斷

我信了，因為我相信我們時不時都有能力與生活中的神祕與靈感擦身交錯。也許我們不可能每個人都跟茹思·史東一樣有靈異體質，不能日復一日不受阻礙，而且心無罣礙地讓渾然天成的創作湧現出來，但我們可以拉近自己跟靈感源頭的距離到一個前所未見的境地。

老實說，我的寫作生涯大部分時候都沒看到超勁爆、超古老、超巫毒的「大神」現身。我的寫作人生大部分時間都是照表操課，一點也不光鮮亮麗地苦幹實幹。我在書桌前坐定，像個農夫一樣耕耘土地，作品就這樣寫出來了。大部分的過程都沒有任何的神奇之處可言。

但神奇的事情還是會偶爾現身。有時候我寫著寫著，突然覺得自己好像站上了機場的旅客輸送帶，雖然拖著沉重的行李，距離登機門也還好一段距離，但我可以感覺到一股外力輕輕推著自己。有什麼東西在帶著我前進，有力又帶著善意，而且這東西確定不是我自己。

你或許知道我在說什麼。每當你自己完成了什麼傑作或有什麼好表現，就會有這種感覺。而事後回想，你能說的只有：「我不知道自己的力量跟靈感是哪來的。」

你沒辦法再來一遍，也沒辦法說明理由。那感覺就是有什麼在引導你。

我也很少有這樣的經驗，但這感覺一來都深刻到無以復加。要說人活著有什麼樣的幸福體驗可以凌駕這樣的感覺，我實在是想不太到，頂多只輸給戀愛吧。古希臘用「eudaimonia」這個字來形容至高無上的幸福感受，直譯就是「善魔纏身」，也就是受到外在的創意神靈好心眷顧與帶領（現代名嘴不太能接受這種怪力亂神的說法，所以就形容這樣的狀況是人「抓到節奏」或「進入狀況」）。

但古代的希臘與羅馬人都相信世上存在創意之神魔，抑或是一種居家的精靈。這位精靈在你的家中落腳生活，時而助你一臂之力。古羅馬人創了個字來形容這位家裡的好幫手，他們說這精靈是你的「genius」（天才），你的守護神祇，你的靈感來源。換句話說，古羅馬人不認為傑出的人「身為」天才，他們認為傑出的人「擁有」天才。

這樣的區隔（身為vs.擁有）很微妙，但也很重要。我認為這是個充滿智慧的心理機制。藝術家把才華視為外來的「天賦」，可以避免自我膨脹，可以減輕源自作品的成敗壓力。換句話說，如果作品一炮而紅，你必須感謝外在的天才給你幫助，這樣你就不至於自戀到誇張的程度；反之如果作品一敗塗地，你也不用一肩挑起。你可以來上一句：「嘿，不要看我啊，我的天才今天沒上班！」

不論成敗，不管好壞，我們敏感的玻璃心都可以安然無恙。

勝不驕。

敗不餒。

壓在大石下——動彈不得

我覺得社會上說某某人「是」天才，而不說他們「擁有」天才，其實對藝術家本人是禍不是福。文藝復興時期因為崇尚理性與人文（人本）主義，這樣的情形格外明顯。諸神與神祕主義退居幕後，創作的毀譽一下子統統歸給藝術家自己。脆弱的人，突然間要以一己之力挑起創意與靈感的捉摸不定。

在這樣的過程中，我們會破格對作品與藝術家溢美。「身為天才」（以及天才專屬的名利），讓創作者提升地位到「祭司」甚至「小神」的特權階級，我認為這對再有才華的凡人壓力都嫌太大了些。藝術家往往因為這樣而崩潰、失心瘋，或因天賦的沉重與怪誕而神經衰弱。

藝術家一旦被貼上天才的沉重標籤，我認為他們就很難以平常心看待自己，創作也沒有辦法自由而盡情。像哈波・李（Harper Lee）自《梅岡城故事》以來有著幾十年的創作空窗。一九六二年，哈波・李曾經被問到她對於再寫本書的感受如何，她回答：「我害怕。」她說：「高處不勝寒，人到了巔峰就很難再突破，只能走下坡。」

對於她的處境，李並沒有講更多的細節，我們終究很難一窺大作家沒有繼續寫作生涯，甚至著作等身的真正原因。但我在想她或許是被壓在名氣的大石底下，動彈不得。或許一切變得太過沉重，太多責任也讓人害怕，於是她的文思就死於恐懼之手，甚至於死於作繭自縛（說來說去哈波・李究竟害怕什麼？也許她怕的只是自己沒辦法超越自己）。

說到高處不勝寒，到了巔峰就只剩下坡，哈波・李說的其實沒錯，不是嗎？我是說，如果你沒辦法複製一生難得一次的奇蹟，如果你再也沒辦法攻頂，那還有什麼動力讓你想努力拚下去？嗯，對於這樣的難關，我其實可以分享自己的經驗，因為我到過「山巔」——如果有本暢銷書在排行榜上待了三年多算是生涯高峰的話。當時有多少人跟我說：「你要怎麼更上層樓？」實在不可勝數。他們提到這本書的口氣像是我遭到詛咒，而非好事一樁。他們還想著我應該覺得恐怖，擔心自己不再有這樣的機運。

這樣的發言是假設「巔峰」確實存在，而達到高峰與維持高峰則是人創作的唯一動機。這樣的想法是假設謎樣的靈感運作格局跟人類一樣小，一樣困在成功與失敗、贏與輸之間，也一樣放不下比較與競爭、商機與名氣、銷量與聲望；這樣的想法是假設你必須是個常勝軍，不僅面對你的對手要贏，還得不斷超越自己。尤其危險的，這樣的想法是假設如果你贏不了，就不應該繼續參賽。

只是這一切跟我們的職業有什麼關係？跟我們追求所愛有什麼關係？跟人與靈感之間的奇妙結合有什麼關係？跟信仰有什麼關係？跟以安於創作、無私地分享創作為榮，又有什麼關係？

要是哈波・李能繼續創作，我會比較寬慰。我希望她在梅岡城故事與普立茲獎之後，能多產地連推五本廉價又通俗的作品，輕鬆浪漫的愛情小說、警察辦案的故事、童書、食譜、再生紙印的那種動作冒險故事，什麼都好。你可能覺得我在開玩笑，但我是認真的。我們可以想像哈波・李如果真的這樣搞，她可以達成什麼樣意料之中（或意想以外）的結果。退一萬步，她可以把大家搞到忘記她是哈波・李，她可以把自己搞到忘記她是哈波・李，這對她的藝術創作絕對是一種解放。

所幸經過這麼多年的無聲無息，我們終於又能聽到哈波・李發出聲音。最近她一份佚失的早期手稿被翻出來，那是一本她在《梅岡城故事》前寫的小說（換句話說是本她沒沒無聞時的作品，當時全世界還沒有盯著她、等著看她下一步是啥，也沒有像直升機一樣帶著過高的期待在她頭上盤旋）。但我還是希望有人可以說服她持續創作跟出版，不要留下餘生這一大段空白。這對全世界來說都會是一份大禮，也會是哈波・李給自己的一個禮物。這樣她不但可以延續作家的身分，也可以繼續享受創作的種種樂趣與滿足（畢竟話說到底，創意不僅是閱聽人收到的一份禮物，也是創作者本人收到的禮物）。

同樣的建議我也希望有人給過拉爾夫．艾里森（Ralph Ellison）[1]，寫什麼都好，不計後果地衝就對了；還有法蘭西斯．史考特．費茲傑羅（F. Scott Fitzgerald）[2]也是。或者任何一位大名鼎鼎或沒沒無聞的創作者，我都希望他們不要消失在真正的或想像的名氣陰影中。我希望有人叫他們去爬格子，去用「有的沒的」填滿稿紙，出版了再說，管他外界如何反應。

我這樣建議有點褻瀆創意之神，是嗎？

很好。

創意本來就是一種神祕的東西，但不代表我們不應該想辦法去除神祕因素，尤其如果這代表著藝術家可以從名氣所帶來放不開的壓力、焦慮與得失心中解放出來的話。

來來去去，別有壓力

關於「eudaimonia」（善魔纏身），也就是人與靈感之神的歡喜邂逅，我們最應該謹記在心的是：天下無不散的筵席。

靈感就是會來來去去，你應該放手讓想來的來，該去的去。

我可以就過來人的身分談這件事，因為我的「天才」不論源頭為何，可都是沒有時刻表的。我的天才，且不論「他」值不值得大書特書，是沒有人類時間觀念的，要這傢伙配合我的方便來排行程，更是絕無可能。我有時甚至懷疑我的天才在兼差，一才侍二主。搞不好他還同時接了不同領域的藝術家，把自己搞得像自由業一樣。有時候我在黑暗中摸索，迫切地找尋神祕創意的刺激，卻感覺像摸到一條濕濕的抹布。

然後突然之間，「咻」的一聲，靈感來了！完全沒徵兆地來了。

然後「咻」的一聲，靈感又沒了。

---

1 拉爾夫・艾里森（Ralph Ellison，一九一四～一九九四），美國黑人作家，代表作為《隱形人》（*Invisible Man*）。

2 法蘭西斯・史考特・費茲傑羅（F. Scott Fitzgerald，一八九六～一九四〇），《大亨小傳》（*The Great Gatsby*）作者。

我曾經在通勤的列車上瞇了一下，結果夢到了個「麻雀雖小，五臟俱全」的故事。醒來後我抓起筆，一口氣把所有情節寫出來。這是我印象中最接近茹思．史東說法的體驗。有扇門在我心中大開，門後湧出一頁又一頁的文字，感覺不出來有任何刻意或用力。

我如此匆忙間寫出來的故事，竟然幾乎不太需要修改，我感覺一切都剛剛好。這感覺很對，但也很怪。這根本不是我平常會寫的主題，好幾位書評後來也提到這故事跟我平日的風格有多麼不同，其中一位還大剌剌地形容這故事走的是「洋基魔幻寫實主義」（Yankee Magic Realism）風格。這是個在魔力影響下寫出來，內容也在講魔力的故事，就算是素人也能看出這當中有魔法在作祟。對我來說，這故事堪稱空前絕後，獨一無二。我至今仍視這短篇為我心出土形態最完美的寶物。

這無疑是「大神」在處理事情。

但那也是二十二年前的事情了，這些年來沒再發生過（相信我，這二十二年來我不知道在火車上睡了多少回）。當然我還是偶有跟靈感的美好接觸，但論純粹、喜悅與狂野都比不上火車上的那回。

靈光就是這樣悄悄地來，又悄悄地走。

我想說的是：如果我念念不忘這等無瑕而激情的靈感，想坐下來守株待兔，那我可有得等了。所以我不守株待兔，我不被動等靈感相通了來找我。真要說我做了什麼，那就是我想通了天才花很多時間在等我，等看我對這一行夠不夠認真。我有時感覺天才好像在角落坐著，朝書桌前的我望著，一日日，一週週，月復一月，只為了確定我是認真的，全心付出地在創作。天才一旦相信我不是玩玩而已，他就會現身助我一臂之力。有時候我一個企畫得忙上兩年，他才會出手幫忙，有時候他一出手也才十分鐘上下。

不過這幫手只要出現，那種腳底下是輸送帶、文思泉湧的感覺一來，我會很開心地讓自己「隨波逐流」，寫起東西來好像「判若兩人」。過程中，我對於時間、空間跟自己的概念都不見了，我會感謝大神相助的恩典；要結束了，我放手讓魔力離開，不改初衷繼續努力耕耘，對於他的再次到來也懷抱期待。

無論靈感來或不來，是否有如神助，我都不會停止努力，因為想要過得充實有創意，你沒有別的選擇。我不會停止嘗試，也不會停止對這樣的過程心懷感激。不論有沒有神蹟繼續加持，我都感謝創意讓我走過這一回。

因為無論如何，這一切都稱得上神奇，我們畢竟有機會能做、能錯，還能偶爾與神蹟合而為一。

心存感激，別忘記。

別忘記，心存感激。

震撼教育

安．派契特是如何看出我跟她之間發生了什麼？

她又怎麼看待我跟她之間的巧合——亞馬遜小說的點子竟從我的腦子轉到她的腦子裡？

說起來，安絕對比我理性得多，但就連她都感覺發生了「靈異事件」。理性如她都覺得只是吻了我一下，靈感就此捨我從她。後來在給我的信裡，她總是很有風度地稱呼這作品是「我們的」亞馬遜叢林小說，就好像這小說是我的受精卵，而她是代理孕母一樣。

安的風度沒話講，但我可不能當真。任何人只要讀過《奇蹟之邦》（*State of Wonder*），都會了解這完完全全是安的手筆；除了她，沒有人能寫出這樣的一本小說。非牽拖不可的話，我算是當了這本小說幾年的養母，我的功勞是讓這點子沒有冷掉，讓其最終能在人群中找到自己的真命天女。在我之前，在從我轉移到安之前的這些年，誰曉得這點子造訪過多少作家？對於這個現象波里斯．巴斯特納克（**Boris Pasternak**）說得好，他寫道：「真正的書無所謂第一頁。就像森林裡樹葉的沙沙聲，天曉得聲音是從何處源起。反正沙沙聲就不斷累積、盤旋，撩撥這片濃密的野生樹林，直到突然間……這聲音開始在所有的樹顛一起開口。」

我唯一能確定的就是這本小說希望找到人寫，它不停盤旋就是要找到適合而且可以馬上開工的寫手。它不想聽到等一下、改天、過幾年、等情況好一點、等不缺錢，它想聽到的是馬上，現在。

所以小說跟了安。

我得到的，只有一顆心接受到震撼教育，只有一種不由得你不信，這世界果然神祕的驚異。我不禁想起英國物理學家亞瑟・愛丁頓爵士（Sir Arthur Eddington）談宇宙運行的那句：「未知的物體正在進行我們無所悉的事情。」（Something unknown is doing we don't know what.）

好消息是：無所悉也沒關係。

我不要求破譯未知，我不需要理解意義，我不考慮靈感源自何處，我不在乎創意何以一會兒東一會兒西。我不需要知道人為什麼有時可以跟靈感言無不盡，有時候又沉重地踽踽獨行、毫無所獲只有耕耘；我不需要知道靈感為何不選我而選你，又或者它為何在你我之間游移或兩者盡棄。

這些事不會有人知悉，這種事注定千古成謎。

我能確信的只有一件事情，那就是「自己的生活我想這樣過」，我想盡我所能與靈感的神力合作，即便這力量我看不到、證明不了、控制不了，也無從領略。

我承認這是種很奇特的生涯選擇。

但我想不到有更好的方式度過今生。

允許自己

把意見箱撤了

我從小身處的不是什麼藝術家的家庭。

你可以說，我家人的上班時間都比較固定。

我務農的外公養牛，我跑業務的祖父賣鍋爐。我的外婆跟祖母都是家庭主婦，她們的媽媽、姊妹和女性親戚也都在家相夫教子。

至於我的雙親，爸爸是工程師，媽媽是護理師。嬉皮的年代他們雖然躬逢其盛，兩人卻都沒有跳進去，保守的他們對那類事情完全免疫。一九六〇年代從頭到尾，我爸人都在大學跟海軍，我媽則白天在護校當學生，晚上在醫院輪班存錢。婚後我爸跑到化學公司上班，一做就是三十年。我媽除了兼差還勤跑教堂，參加學校教育委員會的運作，在圖書館當志工，定期訪視社區年長者或行動不便的人。

我爸媽是有責任感的人，是誠實的納稅人，是扎扎實實的好人。是會投給雷根當總統的人，前後兩次！

我會叛逆都是跟他們學的。

因為，只要好公民的準則稍微鞭長莫及，我爸媽就會想幹麼就幹麼，而且還一邊幹麼一邊展現一臉無所謂的屌樣。我爸有天覺得不甘只當化學工程師，他想種聖誕樹，於是就跑去種聖誕樹了，那年是一九七三。他先把我們全家搬到農場，整了片地，把樹苗種下去，然後就開始了他中年革命的序曲。圓夢歸圓夢，他並沒有辭掉正職，他只是把夢想嵌進日常生活。他還想養羊，所以他就買了羊，放在福特小車的後座帶回家。他有養過羊嗎？沒有。但他想說可以邊養邊學。他後來想養蜂也是這樣，一想到就跑去買蜜蜂，也不管自己會不會，結果三十五年後的今天，他仍舊是那幾巢蜜蜂的主人。

我爸只要一對什麼東西好奇，就會一直做下去。他對自己的能力很有信心。如果他想要什麼東西（這不常見，因為我爸的物欲相當於遊民），他會自己動手做，拿舊的來修，或者拼拼湊湊，而且一不看書二不問人，大部分都自己摸索。我爸不怎麼吃說明書跟專家那套。他對學位無感，就像他對建築執照或禁止進入這類的「繁文縟節」無感一樣。也不知道是好還是不好，我爸都跟我說哪裡禁止露營，哪裡就最適合紮營。

我爸真的很不愛照別人的意思做事，反骨的他常常有個性到搞笑。在海軍時，曾經有上級要他做個意見箱放到部隊的餐廳裡。我爸很服從地做了箱子，釘到牆上，然後搶先所有人投入了第一則建議，上頭寫的是：我建議長官把意見箱撤掉。

很多地方都看得出我爸是個怪咖，他極度反權威的個性有時逼近病態……但即便我是當年那個坐在福特小車裡的小孩，旁邊是我爸，後座是羊，一路超尷尬地進城，我都還覺得他滿酷的。我知道他在做他想做的事情，走他想走的路，直覺告訴我自己的爸爸絕對是個有趣的人。當時我還不知道要用什麼詞來形容，但如今回想起來，他身體力行的應該就是「創意生活」。

我喜歡他這樣的生活。

輪到我要擘畫自己的生活時，我也曾想到我爸。我倒沒有想要抄襲我爸的（我沒當農夫也不投共和黨），但他走過的路讓我敢於踏進世界，敢於去走我想走的路。我跟我爸一樣不喜歡別人叫我幹麼。我一點都不想跟人起衝突，但我內心也是很硬；不過遇到想過創意生活的時候，這牛脾氣就能派上用場。

再來說說我媽，我媽可以想成秀氣版的我爸。她的頭髮總是「西斗」得很好，廚房也都整整齊齊，中西部人的友善與禮貌更是沒辦法挑剔。但別因為這樣就小看了她，因為她有純鈦般的強大意志力，而且生來多才多藝。身為女性，她堅信家裡不論有任何東西要蓋、縫、種、織、修、補、漆、拼，她都能一肩挑起。我們家的頭髮她剪，要吃的麵包她烤，青菜她包辦栽、收、醃，衣服她做，小羊接生她來，晚餐的雞她殺、殺完煮，客廳的壁紙她貼，（用五十塊美金跟社區教會買來的）鋼琴她整理到好，我們生病免找醫生她看。任誰打照面她都笑得甜美，配合度永遠超高，但在沒人看到的角落，她又能把日子過到她理想中的樣貌。

我想就是有這樣默默桀驁不馴的爸媽當身教，我才會想要嘗試以寫作為業，或至少想要出來闖一闖。對於我的作家夢，我爸媽從來不擔心，就算有，他們也沒說出口——我是覺得沒有啦。我覺得他們有信心自己的女兒一定可以照顧好自己，因為他們把該教的都教了。反正我們家規矩就一條：只要你自己賺錢，不影響其他人，那你想幹麼都沒人攔著你。

或許是爸媽太不擔心我了吧，我也變得不太擔心自己。

想當作家這事兒，我從來沒想過要去問專家可不可以。我們家沒人做事問可不可以。

我們家都是想做就做。

我也不例外，我決定：想寫就寫唄！

同意書

親愛的讀者，我想說的是：

要過創意生活，你不需要任何人允許。

或許小時候沒人教你這樣的事，或許你爸媽什麼險都不敢冒，也許他們守規矩到強迫症的程度，又或許他們忙著憂鬱低潮酗酒吸毒打人，沒有時間去發揮想像力跟創意。或許他們怕鄰居閒言閒語，或許他們完全沒有創作的才華，或許他們只能當個消費者，又或許你成長的環境裡只有坐著看電視跟被動等著事情發生而已。

忘了這些，這些都不重要。

往前追溯遠點，看看你的祖父母那輩，我賭他們多半是創作者。不是嗎？還不是嗎？那就再往前追，看看你的曾祖父母那輩，看看你移民的、身為奴隸的、從軍的、務農的、跑船的、看著「五月花號」到港的先祖。只要回溯得夠遠，你一定可以看到不是消費者，不會坐著等事情發生的先人，你會看到一群動手創作的人。

這才是你的血統。

這才是我們所有人的血統。

人類從不知多久之前就是創作的物種。人類創作歷史淵遠流長，已經是一種本能的衝動。要更宏觀地了解這點，請記住：人類藝術最早的鐵證，出現在距今四萬年前，至於人類農耕最早的遺跡，則要到一萬年前才有。這代表在人類共同的演化長河中，我們的祖先認定非必要的美好比吃飽更重要。

人類藝術表達的多樣性令人讚嘆。世上有些歷久彌新、令人鍾愛的作品，無疑波瀾壯闊，充滿威嚴。有些作品讓你想要雙膝跪地，泫然而泣，但也有些不然。有些藝術表達讓你不快或讓你很嗨，但我看了卻全然無感。幾世紀以來的許多藝術堪稱超凡脫俗，其發想也確實神聖嚴肅，但又俗又不嚴肅的作品也所在多有。很多藝術不過是庶民時間太多在那兒瞎混，結果就順便把陶瓷畫漂亮一點、椅子造講究一些，或者在牆壁上隨手畫幾個男人的「寶貝」來打發時間。當然這樣沒什麼不好啦。

你想寫書？寫歌？拍電影？燒陶？學跳舞？繞著地球跑？你想在牆上畫限制級的主題？都ＯＫ，快去，誰管你？這麼做是你的天賦人權，所以趕緊去做而且要開開心心（我是說很開心但是很認真地去做）。讓靈感領著你去它推薦的目的地，記著人類從有歷史就幾乎沒停止過創作，所以沒什麼好大驚小怪。

我們創作，**因為我們喜歡創作**。

我們追尋新奇有趣的東西，**因為我們喜歡新奇有趣**。

這麼看來，靈感之所以與我們合作，**是因為靈感喜歡跟我們合作**，是因為人類多了一種特別的、額外的東西，一種不必要的豐富，一種小說家瑪莉蓮・羅賓遜（Marilynne Robinson）口中「神奇的滿溢」（an overabundance that is magical）。

你說哪個「神奇的滿溢」？

「神奇的滿溢」就是你與生俱來的創造力在蟄伏中低鳴與扭動。

你還在考慮當個創造型的人嗎？遲了，你已經是了。其實世上根本沒有什麼

「創造型的人」，這是句幾近於可笑的廢話，因為創造是人的正字標記。我們的五感是為了創造，我們好奇是為了創造，我們有可以用來抓東西的拇指是為了創造，我們有節奏感是為了創造。我們的語言能力、情緒起伏，乃至於內心的神性，在在都是為了創造存在。

只要你還有呼吸，你就是創造型的人。你跟我跟你認識的每一個人都是幾千年來無數創造者的後代。裝飾東西、敲敲打打、說故事、跳舞、探險、拉琴、擊鼓、蓋屋、耕土、解決問題、錦上添花，這些事情都是我們祖先會做的事情，我們都是這些創造者的後代。

上流社會與文化的守護者主張藝術只屬於少數菁英，他們想如此說服你，但他們錯了，而且這種說法很討人厭。我們都是菁英，我們都有創造的基因。就算你二十四小時看無腦卡通長大，創造力也還是在你身邊潛伏著伺機而出。創造力早在你之前，早在我們任何一個人之前就存在於世上。你的肉身與靈魂是為了與靈感合作而設計出來，而靈感也一直在找你，就像它曾朝你的祖先撲下去一樣。

以上種種都在說一件事：你希望日子過得有創造性，不用去找校長簽同意書。

或者你這人不拿假條不敢亂跑，那我給你，喏，拿去。
我剛剛拿上星期的購物清單，在背面寫了同意書給你。
就當你已經完成申請手續了吧。
現在給我去創造點什麼東西。

妝點自己

我有個鄰居一天到晚刺青。
她叫艾琳。她刺青的頻率，大概跟我去耳環攤買便宜貨差不多。反正很便宜，所以我都是想買就買，沒多考慮，她刺青大抵也是這樣的心情。她早上起來心情不美麗，就突然昭告天下：「今天來去刺個青好了。」問她打算刺什麼，她說：「喔，我不知道。等我到店裡就會想到，想不到就讓師傅自由發揮來嚇我一跳。」
請注意，她不是二十歲不到還衝動得不得了的小女生。她是位熟女，連小孩都是事業有成的大人了。她這個人很酷，除了美得很特別，個性在我見過的人裡也算數一數二的奔放。我問過她一次，我問她怎麼能這麼隨意讓身體被永久性的墨水畫來畫去，結果她回答說：「喔，你誤會了，這不是永久性，這只是暫時的。」

覺得很錯亂的我追問：「你說你的刺青都不是永久性的喔？」

她微微笑，回答我說：「不，伊莉莎白，刺青是永久性，但我的身體不是。你的也不是啊。我們來到世上都很短暫，所以我很久前就決定要好好玩我的外貌，趁我時間還沒到前好好打點。」

我超喜歡她這種想法，喜歡到我沒辦法言傳。

因為，跟艾琳一樣，我也想要把這短暫的一生妝點得愈生動愈好，但我想妝點的目標不是外表，而是情感、精神與智識。我不想懼於明亮的顏色，不想害怕新鮮的聲音，不想被大愛、大決定、奇特的經歷，或另類的嘗試、突然的改變，甚至是失敗給嚇著了。

不用擔心，我不會衝去把刺青刺滿全身（單純因為刺青不是我的菜），但我會騰出所有時間去創造愉悅的事物，讓我的存在不白費，因為我每天能夠醒著，能夠朝氣十足，都是出於想創造美好的事物。

我妝點自己不是用刺青的墨水，而是用印表機的墨水。但我想要書寫的衝動跟艾琳把皮膚變成鮮明畫布的衝動，來自同一個源頭。

這個源頭就是：「嘿，有何不可？」

反正人生都是「暫時性」的嘛。

理所當然

但為了要過這樣的生活，可以自由去創造、自在去探索的生活，你必須要能支配一股強大的「理所當然」，這種情緒我希望大家都可以培養出來。

我知道把任何東西視為「理所當然」感覺很負面，很多人避之唯恐不及。但我還是想徵召這種情緒來用在正途，因為想在生命中至少創造出一點有趣的東西，你就必須得相信，「至少嘗試一下」是我們「理所當然」的權利。把創造事物當成你「理所當然」的權利，不代表你可以有公主病，也不代表你可以一副好像世界欠你什麼的樣子。不，把創造當成是你理所當然的權利，只代表你相信自己有權生在世上，而有權存在於世上，就代表你有權發出聲音，有權用你的角度看事情。

詩人大衛・懷特（David Whyte）把這種視創造為天賦人權的心情稱為「歸屬的傲慢」，他還表示人若想跟生命有更生動的互動，就絕對必須要為自己培養出這種極為重要的「特權」。少了這種傲慢的歸屬感，你將永遠無法冒任何創造性的風險；少了這種傲慢的歸屬感，你將永遠無法把自己推出安全感的隔離層，永遠無法進到美麗與無法預期的邊境。

歸屬的傲慢不等於自我中心或眼裡只有自己。事實上剛好相反，傲慢的歸屬感是一種神聖的力量，可以「帶你跳出自己」，讓你可以活得更充實，過得更完滿。你之所以沒有辦法活出創意生活，常常都是因為你眼裡只有自己（包括你的自我懷疑、你的看不起自己、你的自我批判、你用來把自己壓得喘不過氣的自衛本能）。傲慢的歸屬感可以把你拉出自我憎恨的黑暗深淵，但這種歸屬感所呼喊的口號不是「我是最棒的！」而僅僅是「我在這兒！」

我相信這是種好的傲慢，這種單純把自我存在視為「理所當然」因而有權利表達自我的傲慢，是我們唯一的武器。惟有手握這種武器，我們才能在每次產生藝術衝動時，對抗腦中自動浮出的語言暴力。你知道我說的是哪種語言暴力，是吧？我指的語言暴力是像這樣的自我對話：「你以為你是誰啊？竟然想表現什麼創造力？你很爛，你很笨，你沒天分，你一點用都沒有，回你的洞裡待著吧。」

你可能一輩子的回答都是：「你說得對，我真的很爛，我很笨，謝謝你的提醒，我現在就回洞裡去。」

比起這種回覆，我希望你面對自己可以來點更具建設性、更加有趣的對話。我的老天爺啊，好歹你也為自己辯護一下吧！

想為自己「創造者」的身分辯護，你首先得先為自己「人」的身分辯護。你首先得把自己的意圖昭告天下，你得抬頭挺胸喊出：

我是作家。

我是歌手。

我是演員。

我是園丁。

我是舞者。
我是發明家。
我是攝影師。
我是廚師。
我是設計師。
我是這，我是那，我還是第三樣別的東西！
我還不確定自己想當什麼，但我有足夠的好奇心去弄清楚！

說話！用聲音宣示自己的存在。管它的，讓那個唱衰你的自己知道真正的你在此，因為這項宣示的對象不僅是你自己，也是萬事萬物與周遭的所有人。聽到這樣的宣示，你的靈魂會隨之動員起來，而且是狂喜地動員，因為你的靈魂就是為了這樣的宣示而生（相信我，你的靈魂等待你醒來發現自我存在已經好多年了）。

但要開啟這樣的對話，還是得由你自己來；然後你必須要覺得自己理所當然應該繼續這樣的對話。

這種意圖的宣示，跟這種理所當然的心情，並不是你做完一次就可以開始等待奇蹟發生，而是一種你必須每天進行、自強不息長長久久的活動。身為成年人，我每一天都得重新定義自己的作家身分，並且捍衛自己的作家身分。我得一而再再而三地提醒自己的靈魂與宇宙一件事情，那就是我對寫作這項事業非常認真，而且不論結果如何，不論內心的焦慮與不安全感多深，我都永遠不會停止創作。

時間過去，我找到了正確的宣示口氣，我發現最理想的是可以理直但氣和。你可以重複同樣的話語，但不用激動到音調變高；面對你最黑暗、最悲觀的內心說話，就像談判專家面對有暴力傾向的變態說話：冷靜，但堅定。重點是絕對不可以退讓。退讓的代價非你能承擔，畢竟這會兒的人質是一段人生，而且是你的人生。

「你以為你是誰啊？」你內心的黑暗面會這樣質問。

「既然你問了，」你可以答道，「我就告訴你我的身分，我是上帝之子，就像其他人一樣。我是宇宙的一分子。我有看不見的精神贊助者相信我，與我同甘共苦。我既已在此，就證明了我有權利在此。我有權利發出聲音，有權利用我的角度看事情。我有權利與創意聯手，因為我本身就是造物者的作品與延續。我身負藝術解放的任務，所以給我『放開那個女孩兒！』」

看到了嗎？

麥克風已經到手了。

原創 vs. 真誠

也許你擔心自己不夠原創。

也許問題就是出在這裡——你擔心自己的發想太過平常，太過「路人」，所以沒有創造的價值。

懷抱雄心的作家常常跟我說：「我有一個點子，但我怕已經有人寫過了。」

嗯，這倒也沒錯。多半這題材已經有作家寫過，事實上世上大部分的事情都已經有人做過，問題是這些事你還沒做過。

莎士比亞把人生百態寫完一遍後，可以發揮的情節他幾乎都運用到淋漓盡致了，但這並沒有讓後繼近五百年來的作家對同樣的故事卻步（別忘了，很多故事即便在莎翁之前已經是陳腔濫調了）。畢卡索看到在拉斯科（Lascaus）洞窟的遠古壁畫，據說他的評語是：「一萬兩千年過去了，我們一點進步都沒有。」他這句話或許沒說錯，但那又如何？

就算我們一直重複一樣的主題又如何？就算一代代人圍著差不多的點子繞來繞去又如何？就算每一代的年輕人都有一樣的衝動、一樣的疑問又如何？我們本來就都是人，大家都是親戚，有些創意會重複也是很正常的。任何一樣事物都會讓我們產生聯想，一旦你把自身的表達方式與熱情賦予到點子之上，這個點子就會有你的簽名，就算是屬於你了。

總之，隨著年齡增長，我對原創性的迷思也愈來愈淡。到現在這個階段，最能打動我的不再是原創性，而變成了由「真誠」取勝。很多人想要「有創意」，結果反而讓人覺得刻意與做作，相對之下真誠卻能一再靜靜地讓我產生共鳴。

有什麼說什麼，但說的時候請拿出全副感情。

感覺想分享什麼就分享什麼。

只要夠真誠，就能給人原創般的感動，真的。

動機

喔，對了，忘了講一件事：沒有人要你用創造力去拯救世界。

也就是說，你的藝術不僅不需要原創性，甚至連重要性也可以不要。

比方說，每次有人說他們想寫本書來助人，我都會想：「喔，可以不要嗎？」

可以不要想幫助我嗎？

我的意思是，助人的情操很高尚沒錯，但請不要把「利他」當成藝術創作的唯一動機，因為這樣充滿善意的作品太沉重，讓人有壓力、讓人精神緊繃。（這讓我想到英國專欄作家凱薩琳・懷特洪恩（Katharine Whitehorn）說過：「有種人為別人而活，你一眼就可以看出，因為旁人的表情都訴說著困擾。」）比起助人，我寧可你寫本書來自娛。如果你堅持要寫比較深沉、嚴肅的題目，那我寧可你用藝術自救而不要救人，先把自己從心理負擔中釋放出來，而不要老想著要解放別人。

我就寫過一本書自救。我用回憶錄的形式寫了一本遊記，為的是釐清自己人生旅程的意義，並同時設法解開我糾結的情緒。這本書對我來說，只是要把自己是怎麼回事弄清楚。但在這段過程中，我寫出了一個顯然可以幫助很多人看清自己的故事，但我真的不是故意的。如果我懷抱著助人的念頭動筆，《享受吧！一個人的旅行》就會寫成一本完全不同的書，搞不好會是一本讓人讀不下去的書。（好啦，好啦，現在這個版本《享受吧！一個人的旅行》一樣有很多書評說讀不下去，但這不是重點，重點是我寫這本書是出於自私的目的，所以讀起來才會真實，最終也才能幫到許多讀者。）

再拿現在各位手中的這本書來說，《人生需要來場小革命》（*Big Magic*）很顯然是一本勵志書，是吧？沒有不敬之意也沒有要排擠大家，但我寫這本書真的不是為了你們，我是為了自己。我寫這本書是為了自己開心，因為我真的很享受談創造力這個主題。對我來說，思索創造力是一件寓教於樂、好玩又實用的事情。如果最終我寫出的東西幫上了你，很好，我會很開心。那會是一個很棒的副作用，但話說到底，我是因為自己開心才寫這本書的。

我有一位皈依天主的女性朋友把人生奉獻給了費城的街友。她基本上是個活菩薩，是個聖人。她不辭辛勞地替窮困的、受苦的、迷惘的、無依的弱勢發聲。你知道為什麼她做善事的號召力這麼強嗎？那是因為她喜歡行善，她覺得行善很快樂，行善對她來說一點都不苦。若非如此，她的慈善工作不可能做出成績來；若非如此，她所做的一切會像是苦役跟絕命的犧牲。但這位瑪麗．史庫里恩修女（Sister Mary Scullion）不是什麼殉道之士，她很陽光，很享受自己選擇的人生，她活得很充實，活得像自己。只不過她剛好在這樣的過程中照顧到很多需要照顧的人，如此而已。所有人都能察覺她付出背後的真實愉悅，而這也說明了她的存在何以讓人感覺如此療癒。

我想說的是，工作好玩沒關係，工作療癒或有趣也沒關係，工作是你的救贖沒關係，工作只是個興趣讓你不至於瘋掉也沒關係；你的工作完全可有可無也沒關係。上面任何一種都沒問題，都沒關係。

你想創作的理由只要跟自己交代就夠了。光是追求所愛，你就會不小心幫到人，神學家保羅．田立克（Paul Tillich）就點出過：「任何愛，最終都會變成一股助力。」所以什麼事讓你神采飛揚，就去做什麼；什麼事讓你心神蕩漾，無法自拔，不能自已，就去做什麼；相信你追求的事情，盡情用創作去激發你心中的革命。

剩下的事情你就無須擔心。

學校教育

說到寫作，我沒拿過什麼高深的學位。事實上我沒有拿過任何高深的學位。我畢業於紐約大學，是政治學的學士（你總是得有個主修）。但對於能接受到這段我感覺優質、傳統而開闊的人文教育，我仍覺得幸運。

我一直都知道自己想當作家，也在大學修過一些寫作課，但大學畢業後我決定不讀碩士。跟另外十五個也在追尋自己聲音的年輕作家擠在房間裡，能讓我找到自己的聲音，我實在不太相信。

另外，我也不太確定高深的寫作課程可以給我什麼。就讀人文藝術學院可不是去讀牙醫系，讀完牙醫你滿確定可以去當牙醫。牙醫需要認證當然是很重要的事情，就像客機機師、律師，甚至美甲師的資格都需要官方認可一樣，但小說家需要認證我就不理解了，而且翻開歷史，我應該是對的。一九〇一年以來，北美出了十二位諾貝爾文學獎得主，沒一個有人文碩士學位，甚至有四位只念到高中畢業。

現在只要有錢，你可以到很多超級貴族學校去念文學或藝術，當中有些真的是很好的學校，但也有些實在不怎麼樣。如果你想往上念，儘管去，但請謹記這是一場交易，而交易最重要的就是不要吃虧，要讀就要讀到真正有收穫。在這場交易中，學校可得到的東西很具體，那就是你繳的學雜費，是錢；至於學生可以得到什麼，就要看他們的學習態度、認真程度，乃至於師資的品質。當然，你可以在求學期間習得工作紀律、個人風格，乃至於行動的勇氣。你有機會在校園裡與志同道合的朋友相遇，藉此你可以累積未來生涯中的珍貴人脈與盟友。運氣好一點，你甚至可以受教於某位特別敏銳、特別關注教學的教授，結果就這樣發現你的伯樂。但我擔心的是很多文科的學生進入高等教育，只為了證明自身存在的正當性，好像我們需要什麼證據，才能讓人肯定我們有創造力，而這項證據就是學歷。

換個角度我完全可以理解這種對於確認的需求，畢竟創作路上充滿了不確定性，安全感少得可憐。但你若能日起有功地自行創作，能夠展現穩定的紀律與熱情，那你就已經是貨真價實的創作者了，這樣的你不需要任何人來肯定你。

如果你已經跑去拿了一個學位，也不用擔心。運氣好的話，你的本事真的會變大，至少有病治病無病強身，多讀點書總沒有壞。校園裡不論學到什麼，盡量看能不能提升自己的作品就是了。如果你讀到一半，而且確實沒有對你的財務造成什麼負擔，那也沒問題，當然有全額獎學金更棒。能錄取是你有這個命，不想辜負好運就是要拚。要用功，把握良機，每天把成長、成長、成長當成座右銘，那你將可以造就出一段專注學習與創意無敵的美好時光。但如果你現在還在考慮要不要進高等藝術學府，而你的手頭又不闊綽，那我告訴你：你可以選擇不讀。你可以選擇無債一身輕，因為窮困潦倒絕對是藝術創作的墳場。

我所認識最頂尖的畫家剛好在某世界級的藝術學院任教，但我這位朋友並沒有拿過什麼了不起的學位。好吧他是個碩士，但他畫畫是自學的。之所以這麼能畫，是因為他瘋狂磨鍊了好多年。現在他是位老師，而且學生的學歷都比他高，而這讓人有點質疑起教育制度的必要性。但學生從世界各地蜂擁來這裡求學，很多（本身家庭不富裕或沒拿到全額獎學金的）學生都是一畢業就負債幾萬美金起跳。我這位教師朋友很關心自己的學生，所以看著學生（很諷刺地為了想變成他）深陷學貸，他很痛心，說真的我也很痛心。

我問朋友學生為何這麼做，為何願意透支未來如此之深，只為換得幾年的藝術課程。他告訴我：「嗯，說實話，我覺得他們是沒有想清楚。很多藝術家都是衝動型的人，很多事情都沒有長遠計畫。藝術家是天生的賭徒，而賭多了自然有風險。不過藝術創作本身就是賭博，人每次創作都在賭，你孤注一擲，就為那一絲得到賞識的機會，就看有沒有人買你的作品，讓你名利雙收，那你所投下去的時間、青春與資源，就可以卯起來回收。」

這我懂。我一直也都是那種又藝術又衝動的人，這跟好奇心與熱情都是包在一起的。工作上我會矇著眼往下跳，賭個究竟，或至少我會嘗試看看。想要在生活中與創造力共存，你就必須要有願意冒險的覺悟。而且一旦決定要賭，就要有**賭徒的自覺**，不要兩顆骰子都丟出去了，還沒意會到自己手中握著什麼；而且衝之前一定要確定自己不論就心情或存款而言，都賭得起輸得起。

我擔心的是很多人打腫臉充胖子，花了大錢去進修藝術人文研究所，卻沒考慮到這其實是一場豪賭。表面上讀書是對自身前途一項很好的投資，畢竟求學不就是一種職前訓練，而就業不正是一種負責而且有尊嚴的行為？問題是**藝術不是一門行業**，至少不是傳統定義下的那種行業。創作無所謂職業保障，而且想都不用想。

為了拿到一張「創作者」證書而債台高築，只會讓永遠只應代表雀躍與解放的藝術變質成壓力與負擔的源頭。而且砸了這麼多學費下去，藝術家若不能一畢業馬上平步青雲（能這樣的是少數中的少數），挫折感就會油然而生。一旦覺得自己失敗，他們對創作就會失去信心，甚至完全喊停。他們除了必須面對心裡感受到的恥辱與挫敗，還得讓每個月固定寄來的帳單提醒他們這樣的恥辱與挫敗。

請相信我並不是要與高等教育為敵，一點也不。我反對的是負債把人拖垮，特別是把準創作者的生活拖垮。晚近的高等教育（至少在美國），已經幾近於「用債把生活拖垮」。要說哪種人最不需要欠錢，藝術家最不能夠欠錢，所以請盡量不要落入這樣的火坑。如果你已經身在火坑裡，請努力用爬的也要爬出來，愈快愈好。讓自己恢復自由之身，才好自在地去生活與創作，那才是你生來應該做的事情。

愛惜自己，是我想傳遞的訊息。

前途很重要，但不要把自己逼瘋也很重要。

另一條路

與其貸款求學，或許你可以考慮把自己推向世界，推深一點，總之就是要更勇敢地去探索世界。又或許你可以向內探索自己這顆心，一樣要深入與勇氣十足。誠實地盤點一下你迄今受過的教育，包括你活了多少年歲，你通過了多少試煉，還有你一路上累積了多少技能。

如果你還年輕，請張大你的眼睛，讓世界把它能教的都教給你。惠特曼（Walt Whitman）警告過我們：「不要再巴著課本想往上爬了！」（Ascend no longer from the textbook!）而我想提醒大家的也是這個道理，那就是有太多學習不用在教室裡進行。你應該盡情透過創意去分享你的觀點，而不用管自己是否只是個孩子。年輕的角度看事情，就是不一樣，我希望知道你怎麼想，所有的大人都希望知道你們怎麼想。看著你們的作品（不分領域），我們會想感受你們年輕的朝氣，那種來到世上不久所特有的新鮮氣味。大方一點，讓大家一起感受年輕的氣息，畢竟我們當中很多人需要複習遺忘很久的感受。

如果你有點年紀，請相信這世界一路上都在教育你，你所知已經超過你的認知。你還沒有蓋棺論定，你只是已經準備好了。過了某個年齡，不論你平時如何度日，你都很有機會獲頒生活博士學位。你人還在，就表示你撐了過來，就代表你一定懂些事情。我們需要你把你懂的，你學到的，你看到過，體會過的事情分享出來。年長表示你多半已經掌握了所有創意需要的工具，你少的只是動手的信心，但我們真的需要你完成作品。

不論年輕還是有點年紀，我們都需要你們的作品來充實大家的生活。所以請停止沒自信，也拋開恐懼；頭上腳下地把這些障礙抓在手裡，甩掉它們，讓你以為自己需要什麼條件（或需要多有錢）才有資格創作的奇怪想法不再礙事。我這就說了你很有資格，你還好好地活在這裡，就是最有力的證據。

你的老師

你想師承名師之下，是嗎？

嗯，名師到處都有。他們以圖書館的架上為家，以博物館的牆壁為家，以數十年前錄製的資料為家。你的老師無須一息尚存也可以傳授你以畢生絕學。我能對情節的擘畫與人物的刻畫略知一二，居功厥偉的不是別人，而是狄更斯（Charles Dickens）。不消說我從沒機會拜他為師，何況也不需要。想跟他學幾招，我只消經年累月私下如聖經般鑽研他的小說，然後像被鬼附身一樣卯起來練習即可。

話說有志成為作家的人算幸運的，因為寫作是私密又便宜的活動，這點一向如此。要是換了其他的創作形式，我必須說事情會複雜很多，更別提會貴很多。比方說你想成為，嗯，職業的歌劇歌手，或是古典大提琴手，那拜師苦練就必屬難免。幾世紀以來，不知多少人曾在音樂、舞蹈、藝術學院中鍛鍊，許多名家於焉誕生，但也有不少人遭到埋沒。還有很多人天分與栽培兼具，卻從沒有把才華付諸實行。

更重要的是：不論你的老師多棒、多強，也不論你上的是什麼樣了不得的名校，你最終還是得靠自己做出成果來。老師不可能長伴你左右，而一旦離開校園，你就得自行決定花多少時間練習、研習、觀摩、創作，沒有人會告訴你。

你愈早「嫁」給這種「凡事自己決定」的觀念，愈熱情去擁抱這種觀念，你的前途就愈光明一片。

胖小子

我二十幾歲的時候都在幹麼？我沒有去學校學寫作，我跑去館子裡端盤工作。這之後我還當過酒保，當過保母、家教、農場工人、小廚、老師、跳蚤市場擺攤的，還有書店店員。我住在便宜的公寓、出門沒車，穿衣服盡可能便宜。我從早班輪到大夜班，把錢存下來，只為去各地遊歷、增廣見聞。我想多認識人，想聽他們的故事。人家都說作家要寫自己知道的東西，而我只知道自己知道的還不夠多，所以我決定主動去蒐尋材料。在餐館打工很棒的一點是可以接觸到不同人的聲音，有時候一天就幾十組客人。我屁股口袋插著兩本筆記本，一本記客人點了什麼菜，一本記客人說了什麼話。在吧檯工作就更沒得挑了，因為人在吧檯坐一坐都會稍醉，然後話匣子就會打開（身為酒保，我發現不僅人人都有傷心事，而且人人都想告訴你）。

我會把作品寄到出版社，然後收到出版社回給我的拒絕信，而且還愈收愈多。我不停地寫，不因為一再被拒而停筆。我關在房間裡寫我的短篇故事，也在火車站、樓梯間、圖書館、公園、朋友（男朋友或親戚）的寓所裡忙我的作品。我不斷地投稿，也不斷地被打槍，打槍，再打槍。

我不喜歡被發卡，這很正常，是人都不喜歡被發卡。但我懂得把眼光放遠：我圖的是一生一世與寫作的緣分，簡單明瞭（而且我家人都活超久的，我祖母已經一百零二歲了）。所以當時才二十幾歲的我一點都不急，也不慌張。編輯可以盡情回信拒絕我，我哪也不去，就打定主意跟他們耗下去。每收到一封拒絕信，我就會放手讓自尊大吼信末簽名的人：「你以為我是嚇大的嗎？我還有八十年的人生跟你耗！有些將來會打槍我的人，現在還沒出生呢！沒錯，我就打算撐那麼久！」

然後我會把信收好回去工作。

我決定玩這個發卡的遊戲，就好像這是場天地間的網球賽一般：有人把拒絕信當球一樣打過來，我就把它再打過網去。早上被拒，我下午就立刻重寄。我的理念是：你發球給我，我就立刻把球打回宇宙去。

我非這麼做不可，我知道，因為沒有人會替我把作品丟出去。我沒有代言人，沒有經紀人，沒有贊助人，也沒有好用的人脈（我不僅完全沒有在出版業工作的朋友，我根本沒幾個有工作的朋友）。我知道不會有人跑來敲我的公寓房門說：「我們知道有個天縱英才的文壇新星住在這裡，我們想拱她更上層樓。」不，我得自己叫自己出場，而我也這麼做了。一而再，再而三，我點名叫自己登台。我記得有過一種感覺是自己永遠也沒辦法耗贏這些人，這些不知長得什麼模樣，也不知他們姓誰名啥的守門人。我努力不懈地在門外堵著，但他們永遠也不會向我低頭，不會讓我進門，一切的努力都將枉然。

但這又怎樣？我無所謂。

我絕對不會因為還沒做出成績就不繼續努力，有沒有成績不是重點。努力的獎賞並非來自於外在的肯定，這點我心知肚明。努力的獎賞必然來自於解除難題得到的成就感，來自於自知我選對了道路、也忠於這條道路的認知。如果有朝一日我可以因為這樣的選擇與堅持而得到物質回饋，很棒，但在此同時，我一定可以從其他的地方賺到錢。天無絕人之路，人活著有太多門路可以圖個溫飽乃至於很飽，像我就試過很多辦法，生活過得也都不差。

我很開心，我沒沒無聞，但我很開心。

我把錢都存下來去玩，然後邊玩邊筆記。我去了墨西哥的金字塔，記下了見聞；我搭巴士走訪紐澤西的郊區，寫下了途中的點點滴滴；我跑到東歐，寫下所見所聞；我參加許多聚會，用筆記本記下妙人奇事；我去了懷俄明州的一間農場打工當野炊廚師，當然我也寫下了這段個人的小歷史。

二十幾歲的我有天揪了幾個也有志於寫作的朋友，大家一起成立了工作室。有好幾年的時間我們每月集會兩次，忠誠地閱讀彼此的作品。年代久遠我忘了為什麼，但我們自號「胖小子」。這是全世界最棒的文藝工作室，至少在我們敝帚自珍的眼裡如此。我們很挑成員，很多工作坊裡有喜歡酸人跟嗆人的成員，這種我們都敬謝不敏，我們不希望自己的夢想被人踐踏在腳底。我們會面向截稿日期而互相扶持，會鼓勵彼此投稿到出版社。我們慢慢熟悉了彼此的聲音跟有什麼過不去的關卡，我們幫助彼此突破自我，我們吃飯時間會叫比薩，我們笑著度過許多時光。

我們這群「胖小子」湊在一起很有成績，很能啟發彼此的靈感，互動也很有趣。我們把這個祕密基地當成避風港，在這裡放心地玩創意，耍崩潰，嘗試錯誤，一切都是那麼地無拘無束，就好像在自己家一樣。（當然在自己家吃比薩也是要付錢的啦，但是你知道我的意思啦，是吧？你也可以一切靠自己！）

韋納．荷索開金口

我有一個朋友在義大利當獨立製片。很多年前還是個憤青時，他寫了封信給他的偶像，德國大導演韋納．荷索。我朋友在信裡掏心掏肺，對荷索抱怨自己的發展不順。他在信裡說自己的電影沒人欣賞，又說這個世界一點都不熱血，拍電影好辛苦，還說什麼東西都好貴，搞藝術的根本找不到錢，大眾的品味愈來愈低俗，市場拍片愈來愈商業……

如果他寫這封信是想要討拍，那他真的是找錯對象了（話說怎麼會有人哭哭啼啼想找荷索傾訴，我真的是一點頭緒都沒有，隨便找一個人都比荷索好）。總之，荷索長篇大論地寫了封回信，裡頭把我朋友罵了個狗血淋頭，大致上的意思是：

「不要再抱怨了。你想當藝術家能怪這世界嗎？有人規定這世界一定要喜歡你的電影嗎？更別說你實現夢想要花錢，難道也要大家進貢嗎？你這些話沒人想聽。沒攝影機就去偷一台來，但別再抱怨了，該幹麼去幹麼。」

（我剛剛發現在這個故事裡，韋納．荷索基本上扮演的是我媽的角色。超酷！）

我朋友把這信裱了起來，掛在書桌前方，對此我覺得他裱得好，掛得棒。因為荷索在信裡痛斥他，感覺上是在嗆他，但真相並非如此。荷索其實是想要解放他。在我看來，荷索願意提筆寫信提醒人可以靠自己成事，世界沒虧欠你什麼，你也不像自己想的那麼不堪一擊或像阿斗一樣扶不起，是一種令人欽佩的人間大愛之舉。

這樣的善意提醒可能有點衝，畢竟良藥苦口。我們不容易聽進這樣的忠言，但這是一個很單純的自尊問題。能夠鼓勵人站出來重拾自尊，是一件高尚的行為，尤其如果這人能因此創作出美麗新事物的話。

所以這封信其實是？

沒錯，這信是我朋友的路條。

他乖乖回去拍片了。

一個小技巧

所以，沒錯，這有個小技巧：停止抱怨。

這點你一定要相信我，也要相信荷索。如果你想要過著創意生活，那有太多理由你應該停止抱怨。

首先，抱怨讓人覺得很煩。藝術家都會抱怨，所以抱怨是死路一條而且讓人覺得無聊（從藝術工作者累積的抱怨總量來觀察，你會以為這些人之所以從事這項職業，是因為受到某個獨裁者判刑迫害，而不是出於自由意志與開放的心胸）。

再者，創作本來就應該困難，要是不困難，不就滿街都是藝術家，那你當個藝術家也沒什麼特別或有趣的了。

第三，你抱怨也不會有人聽，因為我們都太專注於自身的問題，所以你抱怨也是白抱怨，基本都是對牛彈琴。

第四，也最重要的是，**你會把靈感嚇跑**。你一抱怨創意有多難、多煩，靈感就會一臉不開心地向後退一步。你可以想像靈感兩手一攤說：「嘿，所以是我的錯囉！原來我這麼不受歡迎喔，那我走好了。」

我抱怨過，所以我知道我在說什麼。我曾感覺到自憐替我把門狠狠地甩在靈感的臉上，房間一瞬間變冷、變小、變空虛。但即便如此，年輕的我還是走上了這條路：我開始告訴自己**我喜歡我的工作**。我宣稱我享受自身創作工作中的每個面向——痛苦與狂喜、成功與失敗、歡悅與不堪，還有過程中一切的枯燥、重複、踉蹌、迷惘與愚蠢。

我甚至敢大聲說出來。

我告訴宇宙（還有所有願意傾聽的人），我決心過著創意生活並不是想要拯救世界，也不是為了抗議什麼，不是為了出名，不是為了進入大師與經典之列，不是要挑戰體制，不是要在看衰我的人面前扳回一城，不是要向家人證明我不是廢物，不是要治癒或洗滌自己的情緒……而單純是因為我喜歡這樣做。

所以也請你試著說說看：我喜歡我的創造力。

而且說的時候請你確認自己字字當真。

首先，你會讓身邊的人抓狂。我相信，全心喜歡自己的工作是現階段任何創作人僅存可以真正扮演的顛覆角色。這絕對是一種「黑道」的行為，因為幾乎沒有人敢把享受創作掛在嘴上，任誰都怕因為說了這樣的話而被不當回事。但你就說吧，你就當那個敢享受創作的怪咖吧。

但最棒的是，只要說出工作帶給你的愉悅，靈感就會離你更近一些。靈感會很感激這些話從你的口中說出，因為靈感跟人一樣都樂於聽好話，都喜歡得到別人的喜歡。靈感會偷聽到你的愉悅，會出於感激而把點子宅配給你，作為你熱誠與忠貞不二的獎賞。

宅配的量會多到你這輩子用不完。

十輩子都用不完。

貼標籤

沒幾天前，有人問我：「你說我們每個人都可以有創意，但人天生的才華與能力不都有重大的差異嗎？當然我們每個人都可以創造出某種藝術，但真正偉大的藝術仍屬於少數，不是嗎？」

我的回答是我不知道。

大夥兒我是說真的，我不知道，而且也不覺得這很重要。

藝術即便有高下之分，我也懶得思考。如果有人拿才華洋溢跟匠氣間各有何不同的學術定義來對著我長篇大論，那我一定臉朝下昏睡在晚餐盤子上。我絕對不想信心滿滿地宣布這個人是未來的藝術大家，而那個人不妨可以放棄早點回家。

我怎麼會知道？這種事怎麼會有人知道？這種東西主觀到不行，更何況這方面我已經體驗過太多次意外。有些人我覺得才華橫溢，但卻完全沒有作品；有些人我曾經傲慢地不當回事，最後卻以作品的分量與美感讓我跌破眼鏡。這些經驗讓我日益謙遜，我知道自己沒有能力判斷一個人有沒有潛力，也沒資格判定誰提前出局。

所以我懇請各位不要費心去思索這些無謂的定義與分野，好嗎？那只會讓你腳步沉重，思緒混亂，而我們需要你保持步伐輕盈，健步如飛，這才能為你的持續創作提供好的條件。不論你自認為是聰明絕頂還是不堪一擊，都努力去把自己想做的作品完成，然後丟出來給所有人看。別人要貼標籤就讓他們去貼吧，他們是一定會這樣做的，因為貼標籤也是人性。事實上只有透過標籤，人才能覺得在混亂中理出某種秩序，這是人的一種需求。

在貼標籤的過程中，人會把你放到不同的分類箱中。他們會叫你天才，說你是假貨，罵你業餘，叫你別裝了、別撐了，說你還不成氣候或已經過氣，說你是玩票的或陪榜的，誇你是明日之星或新意十足。他們會灌你迷湯或潑你冷水，說你的小說內容都差不多、沒有突破，說你只夠格給童書畫插圖，說你拍的照片太過商業，說你的演技只有社區社團的水準，說你的廚藝只能煮給老公吃，說你的琴藝只能週末兼差，說你匠氣太重，或說你只能畫畫風景。他們可以用「只不過」開頭貶低所有人。

但這一點關係都沒有，就讓他們盡情享有這樣的言論自由吧。甚至於你就讓他們去陶醉於這樣的心態中，就像你我也可以陶醉在我們的心態中一樣。重點是絕對不要騙自己你需要別人的讚賞支持（甚至理解），沒有這些東西你一樣可以創作。一定要記住：別人的批評跟你一丁點關係都沒有。

最後，請聽W．C．菲爾茲（W.C. Fields）一言：別人叫你什麼是一回事，你對什麼名字有反應又是另一回事。

其實，別人的批評你不一定要有反應。

你忙你的就是了。

哈哈鏡

我曾經不小心寫了一本超級暢銷書。結果有好幾年的時間，我覺得自己好像住在貼滿哈哈鏡的遊樂場裡一樣。

寫書大賣不是我的本意，相信我。就算我是這麼打算的，我也沒概念暢銷書應該怎麼寫，要不然我一共出過六本書，每本都一樣投入跟認真，但暢銷一詞肯定搭不上其他五本。

我在寫《享受吧！一個人的旅行》時，完全沒有在寫生涯傑作或代表作的感覺。我知道寫這麼私密的東西對我來說是一種突破，當時我想自己可能會被嘲笑太掏心掏肺了吧。但我還是寫了，我有我必須把書寫好的私人理由，包括我想知道自己能不能精準地以文字來表達自己的情緒。我沒想到的是自己的思緒與感情，竟可以跟這麼多人的思緒與感情產生如此強烈的共鳴。

我在寫書的過程中有多麼的「呆」，讓我來告訴各位。在《享受吧！一個人的旅行》所描述的旅行過程中，我愛上了斐利貝這個巴西男人，也就是我現在的老公。在交往的初期，我曾經問他能不能接受我把他寫進回憶錄裡。他說：「嗯，這要看情況。有什麼風險？」

我答道：「完全沒有風險。相信我，反正沒有人看。」

最後有一千兩百萬人看了這本書。而且因為這麼多人看了這書，也因為這麼多人對這本書的意見相左，《享受吧！一個人的旅行》慢慢從一本書變質成別的東西，一個超大的投影螢幕，上面投射了數百萬人最私密的情緒，從絕對的恨意到盲目的崇拜都有。我收過信說：「你沒有一處我不恨。」也收過信說：「您寫出了我的聖經。」

你能想像我用這些反應來形塑自我嗎？我連想都沒想過。也就因為我沒這麼想過，《享受吧！一個人的旅行》才沒有讓我在作者的路上走偏了，畢竟我已經下定決心要一輩子不讓作品得到的回應影響我，我只能負責把東西寫出來，這樣就已經很困難了。我可不想再給自己增加工作，像是作品發表了之後還得到處巡邏，看大家對我的作品有什麼想法。

我另外了解到一點是，我可以表達意見而別人不能，那我就太不講理、太不成熟了。我可以掏心掏肺，批評我的人為什麼不行。大家都能表達意見才公平，不是嗎？有種寫東西發表，就應該想到會引發反應，是吧？這是人世間的常態，有行動就有反應，就像有吸氣就得呼氣一樣自然。就算你覺得有些反應很怪，那也絕對不是你能控制的。

有天有位女士來到我的簽書會，她說：「《享受吧！一個人的旅行》改變了我的人生。你啟發了我離開虐待我的另一半，讓我恢復了自由之身。這都是因為你書中講到的一個瞬間，那個你筆下說到你對前夫申請了禁制令的瞬間，你說你受夠了前夫的暴力對待，你決定不再忍耐。」

禁制令？暴力對待？

這些東西是哪來的？我書裡完全沒寫到這些東西啊？我生活中也沒發生過這些

事情啊？就算你說是讀者的聯想力強，我在書裡也沒有任何相關的弦外之音可供這位女士發揮啊？更何況這根本與現實差太多了。我只能說那位女士潛意識把自己的故事嵌進了我的回憶錄裡，我想這是她的一種心理需求吧（或許把一時爆發出來的決心與力量歸給我，而不歸給她自己，她會覺得壓力比較小）。不論動機為何，這位女士把自己的處境編織進了我的故事裡，然後順便把我實際的敘述抹掉。這聽起來很詭異，但我接受她有絕對的權利這樣做。我接受把我的書讀錯是這位女士的天賦人權，而且她愛怎樣亂讀都可以。畢竟我的書一旦落入她的手裡，裡頭的東西就歸她管，我沒有置喙的空間。

接受這樣的現實，你控制不了外界反應的這個現實，是唯一理性的創作之路。如果讀者喜歡你的創作，那很好；如果你的作品完全沒引起任何迴響，可惜了；如果讀者誤解了你的作品，別在意；但如果大家憎恨你的東西，如果外界用尖酸的言語打擊你，侮辱你的智慧，攻訐你的動機，汙衊你的名譽，那你又當如何？

你就咧開甜美的微笑，用最最禮貌的口氣，叫他們不爽就自己去做做看。然後你再回來堅持自己的東西。

我們就只是個樂團而已

因為到了最後，這些都是枝微末節。

因為到了最後，這不過是些創意。

或者像約翰．藍儂談到披頭四時說過：「我們就只是個樂團而已！」

不要誤會，我超愛創意（當然也超愛披頭四）。活到這年紀，我人生不變的追求是創意，也鼓勵其他人跟我一起發揮創意，因為我認為創意人生才是人生的最佳版本。

沒錯，我人生中最感覺到超越一切的瞬間，是被靈感觸摸到的時候，是我體驗到他人傑作的時候。沒錯，我絕對相信人的藝術本能有其神聖而微妙的源頭。但這並不代表我們必須嚴肅到繃得超緊，因為分析到最終，我還是認為人的藝術表達是一種讓人覺得幸福、使人感覺清新的無用之物。

這就是我熱愛藝術創作的原因。

試毒金絲雀

你覺得我錯了嗎？你跟有些人的想法一樣，都覺得藝術是世界上最嚴肅、最重要的事情嗎？

如果你覺得我錯了，那朋友，我很遺憾地說我們必須在此分手。

我的人生就是藝術非必需品的鐵證。我們有時覺得藝術重要得不得了，那只是自欺欺人。因為老實說，你很難找到以客觀標準來說比我所從事的寫作更沒用的工作。隨便舉一種職業，任何一種職業：教師、醫師、消防隊員、大樓管理員、屋頂工人、農場主人、警衛、政壇說客、性工作者，甚至是超沒意義的各種「顧問」，都遠比過去、現在、未來的任何一位小說家更有助於讓社會順利運作下去。

美劇《超級製作人》（30 Rock）裡出現過一段精采的交鋒，可以一針見血地總結我的說法。戲裡傑克．唐納吉（Jack Donaghy）譏笑寫腳本的莉茲．雷蒙（Liz Lemon）對社會一點用都沒有，而女生則想要捍衛自己對於社會的基本價值。

傑克：「哪天大毀滅以後，你覺得社會還能怎麼用你？」

莉茲：「我可以當吟遊詩人！」

一臉不屑的傑克說：「我看試毒金絲雀[1]還差不多。」

我覺得傑克說得對，但我並不為此感到氣餒。相反地，我覺得很振奮。我能夠把歲月揮霍在客觀上沒用的東西，代表我並沒有身處在大毀滅之後的末世，也代表我不用為了求生存而過得綁手綁腳，更代表人類的文明還有空間留給想像力、美麗與感性，甚至於是胡鬧撒歡兒這些奢侈品。

純粹的創造力之所以有可觀之處，正是因為它與生活中一切有必要跟逃不了的人事物相反，我說的是食物、棲身之處、藥品、法治、社會秩序、社區與家庭責任、疾病、失去、死亡與所得稅等東西。創造力是比必需品更珍貴的東西，是一份大禮，是讓食物錦上添花的糖霜。人類的創造力是宇宙送給我們的驚喜大紅利，就好像所有的神明跟天使聚在一起說：「在凡間當人好辛苦喔，我們成仙的都知道，

1 金絲雀體質很脆弱，以前的人會帶這種鳥下到煤礦礦坑，鳥先死了就代表人在裡頭工作久了也會出問題。

喏，來點好康的吧！」

所以知道我的終生志業好像沒啥用途，我一點都不難過。

我反而想更用力去玩。

豪賭跟小賭

當然我們不能否認在世上某些黑暗而邪惡的角落，人的創造力不可能從玩心中誕生，表達自我也可能導致重大而嚴重的後果。

如果你剛好是異議分子兼記者被關在奈及利亞的監獄，是挑戰主流的電影工作者遭軟禁在伊朗，是受壓迫的年輕女詩人在阿富汗努力發聲，是北韓幾乎全數的百姓，那麼就表示你表達創造力是一場豪賭，賭贏生賭輸死。很多勇者即便生活在天殺的獨裁政權下，也咬牙堅持要創作藝術。這些人是英雄，值得眾人向他們鞠躬。

但我還是要請大家在這裡對自己誠實：大多數的我們不是這樣。

我們大多居住在有基本安全的國度，我們創作藝術只是小賭怡情，風險非常低，低到幾乎好笑而不值一提。比方說，萬一出版社不喜歡我寫的書，他們決定不幫我出，那我會很傷心，但沒有人因此殺到我家來拿我當靶射。同樣地，沒有人會因為《紐約時報》的書評說了我兩句就死掉，北極的冰帽也不會因為我想不出好的小說結局而融化得快一點或慢一些。

我不見得能永遠處在創造力的高峰，也不可能所有作品都成功，但世界絕不會因此走到盡頭。或許有天我會無法單以寫作餬口，但那也絕對不會是世界末日，因為我還有其他管道可以營生，而且很多都還比寫書好賺。我承認失敗跟批評會讓我自尊心青一塊紫一塊，但世界諸國的命運並不繫於我的心情好壞（感謝老天爺）。

所以讓我們好好來面對現實：藝術在你我的生命中，幾乎可以確定不引發什麼緊急的事件。

既然不用緊張，何不就來創作看看？

湯姆．威茲開金口

多年前我曾為《GQ》雜誌訪問樂手湯姆．威茲。這篇訪問我之前提過，日後我應該也會反覆拿出來講，因為關於創意生活，湯姆．威茲實在太會講，講得太有道理了。

在訪問的過程中，威茲有如靈光乍現地侃侃而談寫歌的靈感如何以各種形式找上門來，好把自己催生出來。他說有些歌到手之容易堪稱難以想像，就好像「用吸管就能喝到的夢境」；但有些歌需要他下點工夫，就像要「把馬鈴薯從土裡挖出來」；還有些歌更難纏、更怪，就好像「黏在桌子下面的口香糖」；更有些歌像是他得小心翼翼從旁摸過去的野鳥，稍微驚嚇到鳥就會飛走。

但真正最難搞、最有個性的歌，只會對穩定不發抖的手跟堅定有威信的聲音產生反應。威茲說有些歌就是抗拒誕生，結果卡死整張專輯的錄製。遇到這種僵局，威茲會把錄音間裡其他的樂師跟技術人員排開，讓自己有空間對這首特別不配合的歌曲疾言厲色地「開導」一番。他會獨自在錄音室裡踱步並且高聲地說：「聽著，你這傢伙！我們在一條船上！全家人也都坐進廂型車裡了！我給你五分鐘上來，不然沒你我們車照樣開走！」

有時候有效。

有時候沒效。

有時候你只能學會放手。有些歌還不夠認真，還沒有準備好要來到世上，威茲說。它們只是想鬧你一下，浪費一下你的時間，獨占一下你的注意力——這些歌搞不好是在等待別的歌手。威茲對這種事情已經想很開了。以前他會悶悶不樂，會因為歌曲從指縫溜走而傷心難過，但現在他已經學會**相信**。一首歌如果認真想誕生，威茲相信它會以正確的姿態在正確的時間來到他面前，否則他會揮手送它上路，大家好聚好散。

「去煩別人吧，」他會對明明是首好歌又不承認的討厭鬼說：「去煩萊納德・柯恩（Leonard Cohen）吧！」

多年下來，湯姆・威茲終於學會讓自己輕鬆一點面對創作，不要那麼戲劇化，不要那麼害怕。威茲說他能學著放輕鬆，主要是看到自己成長中的小孩是那麼奔放、那麼自由地用創作表達自我。他注意到自己的小孩完全不覺得寫歌需要什麼資格，想寫就寫，隨時隨地亂寫，寫出來就當成「摺紙或紙飛機」丟出來，然後繼續點唱下一首歌。小朋友好像一點都不擔心靈感枯竭的樣子，他們從來不會為了創意而感受到壓力，也不會老想著要自我突破，他們就只是活在自己的靈感裡，舒服而放心。

身為創作人，威茲曾經站在「舒服而放心」的正對面。我聽他說他年輕時曾陷入創意的危機，就像很多認真過頭的年輕人一樣，他希望別人眼中的他舉足輕重，有意義、有分量。他希望自己的作品贏過別人，希望自己有層次，希望自己不容人小覷。這段青春歲月對威茲來說煎熬又折磨，他沉溺於酒精，靈魂深陷於漫漫黑夜裡。他迷失在為藝術受苦的執著中而不以為苦，他覺得這叫做「投入」。

但看著自己的孩子自由創作，威茲頓悟了。他意會到這其實沒什麼。他說：「我了解到身為寫歌的人，我所做不過是打造歌迷內心可以欣賞的珠寶。」音樂不過是想像力的裝飾品，如此而已。威茲說一有了這樣的理解，他彷彿豁然開朗，此後寫歌就不那麼痛苦了。

顱內珠寶設計師！多酷的工作啊！

其實創作人的工作性質都算類似，我們每天都在做「不做不會怎樣，做了很不一樣」的事情。身為創作者，你可以隨心所欲地設計珠寶給其他人的心靈欣賞（或給你自己的心靈欣賞）。你可以設定作品的風格是尖銳、激進、聖潔、前衛、傳統、誠摯、摧枯拉朽、自娛娛人、血腥殘酷，乃至於想像力十足……但到了最後，這一切仍是顱內珠寶創作，都還是思想的綴飾。當然這些都很棒，但絕對沒有棒到值得讓人去自我傷害，好嗎？

所以我想說的是，輕鬆一點。

請試著放輕鬆一點。

繃那麼緊，擁有這些美好的感受還有什麼意義？

核心矛盾

所以結論是，藝術完全沒有意義。

但又極為有意義。

這兩句話顯然矛盾，但我們都是成年人，我想這點矛盾還難不倒我們。我想我們都可以在腦中容納兩種互斥的想法而不會爆炸，所以就讓我們來思考看看。想愜意地過著創意人生，你就要學習自在地與這種矛盾共存，而這個矛盾的內涵是：「對我來說，創意表達一定得是世界上最重要的事情（如果我想活得很藝術的話），但又同時得完全無關緊要（如果我不想失心瘋的話）。」

有時候在短短的幾分鐘之內，你就得從這個矛盾光譜的一端跳到另外一端，然後再跳回原來這一端。就以本書為例，我寫的時候真的是戰戰兢兢，每一句下筆都重如泰山，就好像措辭的好壞會決定全人類的未來。我這麼在乎，是因為我希望能寫出美好的作品，所以我全心全意投入每個句子，不容許有任何一絲的怠惰與苟且。我一邊調整著文字（有時候是才剛寫定就改），一邊又想要隨時把手稿丟去餵狗，完全不想回頭（當然除非我認定自己還是很需要某段文字，萬一那樣我也只好替手稿撿骨，讓它死而復生再奉為聖物）。

藝術重要，也不重要。

在大腦裡騰出位置來容納這個矛盾，盡可能把空間弄大一點。
隨時想到就再擴建。
你一定用得到的。
在這個空間裡盡情探索，有多深挖多深，想創作啥就創作啥。
誰也管不著。

堅持到底

立誓

十六歲的我立誓要當作家。

就像某些我無法理解的女孩立誓出家一樣，我發誓要成為作家。當然為了立這個誓，所有的儀式我得自己規畫，因為很顯然沒有讓少女可以放手上去立誓成為作家的聖經。但我發揮創意，揮灑熱情，成功地立下了誓言。那天我靜靜縮回自己的房間，關掉所有的燈光，點上蠟燭，帶著敬畏的心情在上帝面前雙膝下跪，誓言餘生忠於寫作。

我的誓言出奇地詳細，真要說我會覺得還滿寫實的。我沒有保證自己會成為暢銷作家，因為這不是我能控制的。我也沒有保證自己會變成偉大的作家，因為這也不是我能預知的。我更沒有規定自己成為作家的時限，我沒說「如果三十歲之前出不了書就放棄作家夢去找工作」。事實上，我選擇的這條道路上沒有加上各種條件。如果要給這個夢想加上一個期限，我訂的時間是永遠。

我的做法是對著宇宙立誓我會永遠寫下去，不計成敗地寫下去。我承諾我會勇敢、會惜福、會盡可能不抱怨。我還承諾絕不讓寫作來養活我，反倒是我絕不會為了錢而停止寫作，我會想方設法把錢賺夠，好讓我跟寫作都可以活下去。我不要求付出就要得到世俗回報，我只盼此生能盡量有寫作相伴，有寫作長伴我就能永懷好奇心並常感知足，生活只要過得去就行，為此人生中任何安排我都願意點頭成行。

學習

好玩的是，我立的誓言全部說到做到，而且一做就是許多年，至今這份誓言清單仍屬完璧。我這半生違反過很多誓言（包括一段婚姻的誓言），但我從沒有失信於寫作。

甚至在二十幾歲我人生一團亂的時候，這些誓言都沒有打破。回想起二字頭時自己一點責任感都沒有的態度，真有點不好意思，但就是寫作這一塊我沒有造次。不成熟，確實；大剌剌，當然；做事不考慮後果，一定要的；但仍舊我沒有愧對要向寫作朝聖的一己之念。

二字頭的年代我天天寫作。有段期間我交了男朋友，音樂家男朋友，而且還是個天天練習的音樂家男朋友。他彈音階，我寫短篇小說的一個個場景，這兩個是一樣的意思，目的是要維持手感，亦步亦趨地抓住自身的技藝。狀況差到我一點靈感都沒有的時候，我會設定廚房的計時器在三十分鐘，然後強迫自己坐著亂寫一通，有寫就好。我讀過一篇約翰．厄普代克（John Updike）的專訪，他提到自己最受大眾肯定的某些小說是一天一個小時寫出來的。我想不論我事情多忙，或者自覺寫的東西多爛，我都不可能有哪天連半個小時都擠不出來寫寫東西。

整體而言，我的作品相當之差。我真的不知道自己在幹麼。有時候我覺得自己好像戴著微波爐手套在從事精細的貝雕，每件事情都慢得不得了。我沒有節奏，沒有策略，一個短到不能再短的短篇故事我能寫上一整年。不過也沒差，反正大部分時候我只是在模仿自己鍾愛的作家。我先是歷經了模仿海明威的階段（誰沒有過呢），然後又深陷入安妮．普露（Annie Proulx）的階段，最後還很丟臉地進入學起戈馬克．麥卡錫（Cormac McCarthy）的階段。但這些都是菜鳥必經的階段，每個人的創作都是始於模仿。

有段期間我試著想要模仿美國南方哥德式小說家的風格，因為我覺得比起我本身新英格蘭的感性，南方哥德式的語調要出落得有異國情調許多。當然我寫出來的東西不是很有說服力，但那只是因為我一天也沒有在美國南部待過。有個正港美國南部人的朋友讀了我的一篇作品，立刻齜牙裂嘴地跑來跟我說：「你通篇都是些老人家坐在門廊上啃花生，你這輩子應該都沒坐在門廊啃花生過吧，小姐，你還真敢寫耶。」嗯，該怎麼說呢？感謝這位朋友不嫌棄囉！

這一點都不容易，但重點不在這裡。我從來沒有奢望寫作會容易，我只希望寫作能有趣，而寫作對我來說始終有趣。就算我還不得要領，寫作對我來說也還是很好玩的事情。我就是對寫作有興趣，要比有趣的話寫作絕對排在我心中第一。這股濃厚的興致讓我能持續寫下去，就算得不到具體的肯定也不以為意。

而慢慢地我文筆也有所精進。

這是人生中很基本但也很令人感激的道理，那就是凡事你只要勤練，進步就一定會顯現。比方說，如果我二十幾歲的時候天天打籃球、天天做糕餅，或天天研究汽車電子，那我現在要麼罰球很準，要麼做的牛角麵包很彈牙，要麼很會調變速箱。

而我選了天天寫小說。

補充說明

但這並不表示你二十幾歲沒有開始的事情，現在就會太遲。

真的，相信我，千萬不要有這種想法。

天下事，永遠都不遲。

說到在藝術的追求上半路出家的強者，我可以舉出一籮筐的實例，而且有幾例還是晚到人生旅程已走了大半了。但考量時間關係，我在這兒就只分享一個女生的故事。

這個女生叫做溫妮芙列（Winifred）。

我認識溫妮芙列是在一九九〇年代紐約曼哈頓的格林威治村，相見那天是她滿九十歲的生日派對，我必須說那是個超狂野的派對。她是我朋友的朋友，我那個朋友是二十幾歲的男生，而溫妮芙列交遊廣闊，各年齡層跟背景都有。當年的溫妮芙列在華盛頓廣場公園一帶算是個小名人，沒人知道她在格林威治村住了多久，但行事相當「波希米亞」的她是個貨真價實的傳奇。她把一頭紅色長髮巧妙地盤在頭上，身上總是掛著一「簾」繩子般的琥珀珠串。她跟已故的（科學家）先生利用假期去世界各地追風（颱風或颶風），不為什麼，只因為好玩；事實上她本人就讓人聯想到颶風。

溫妮芙列是我年輕時見過最生動、最有活力的女性了，所以有天在找靈感的我跑去問她：「你讀過最棒的是哪本書？」

她說：「喔，親愛的，我沒辦法把這問題的答案縮小到單一本書，因為對我來說重要的書太多。但我可以告訴你我最喜歡的書是什麼主題。十年前我開始鑽研古美索不達米亞的歷史，結果這主題變成了我的興趣，我可以跟你說，這東西改變了我的人生。」

對才二十五歲的我來說，聽到一個九十歲的寡婦說她（最近！）才因為某項興趣而改變了人生，是一種很大的啟發。這種時候你會確切感覺到自己瞬間長了見識，有種視野開了的感覺，就好像我的心靈齒輪入了檔，大門被轉開了好幾格，身為女性的人生可以有哪些可能性，一下子都找到了空檔鑽進來。

但隨著我對溫妮芙列的興趣有了更多了解，最令我驚訝的是她當時已經是古美索不達米亞的專家，畢竟她投入了人生一整個十年來研究這個領域——任何事情好好鑽研十年，你都會變成專家（十年夠你讀兩個碩士跟一個博士了）。她親身前往中東參與了好幾回考古挖掘工作，她學會了楔形文字，她與該主題的權威學者與博物館長往來頻繁，紐約辦相關的展覽或演講她一定不錯過。現在大家對古美索不達米亞有任何疑問都會找她問，她儼然也成了這方面的權威。

我當時是個大學剛畢業的小女生，我腦中仍有一小部分單調與貧乏的想像力，以為紐約大學給了我畢業證書，我的教育就已經結束了。但邂逅溫妮芙列讓我了解，人的教育不是辦教育的人說結束就結束，像溫妮芙列在還是個八十歲的「女生」時，就堅決地告訴自己：我還沒畢業！

所以說你什麼時候可以開始在生活中追逐自己的創意與熱情呢？

答案是隨時都可以，你高興就行。

空空的水桶

我一直在努力。

我一直在寫作。

我一直拿不到書約。但這沒有關係，因為我有長進，而這也是一種教育。

多年來獨自堅持著寫作有一個最大的好處，那就是我開始體認到創造力的心路歷程，或者應該說我開始體認到我自己的心路歷程。我看出自身的創作過程有一個心理循環，而這類循環不論在誰身上其實都滿像的。

「啊，」我學會在展開新計畫幾週後例行性的虎頭蛇尾時對自己說：「這是我照例要後悔開始這一切的階段，我記得，這不是我第一次有這種感覺。」

或者：「這是我照例要對自己說我再也不寫了的階段。」

或者：「這是我照例要恨自己是個懶惰大魯蛇的階段。」

或者：「這是我照例要擔心書評出來會有多差的階段——如果我能找到人幫我出書的話。」

或者，等這項計畫告一段落：「這是我照例覺得自己再也不會有任何發展而心慌的時候。」

經過多年的努力付出後，我發現只要我不放手、不驚慌，我總是可以一階段一階段地安全度過。我安慰自己這些焦慮都是人性面對未知的自然反應。如果我可以說服自己這是我應該待的地方，讓自己相信我注定要與靈感邂逅，而靈感也想要與我合作，那我通常可以通過情緒地雷區而不把自己炸得粉身碎骨，順便還可以完成作品。

在像這樣的關鍵時刻，我幾乎可以聽到創意對著逼近恐懼與自我懷疑的我說話。

「堅持下去，別丟下我，」創意會說，**「回到我身邊，相信我。」**

我聽進去了。

長年選擇相信創意，為我的快意堅忍下了最好的註腳。

關於這種信任創意的本能，諾貝爾文學獎得主希默斯·悉尼（Seamus Heaney）的說法格外精采。他說在學習寫詩的過程中，我們不應該期待能馬上有所成。有心的準詩人會不斷地把水桶往井裡放，卻一而再再而三因為力有未逮而放不到井底，一而再再而三地拉出來的桶裡只有空氣。這樣的挫折感非常巨大，但你必不改初衷，堅持下去，堅持到底。

經過許多年的練習，悉尼表示：「某天繩索會不經意地扯緊，那就表示你已經讓桶子浸到水裡，而水的重量會拉著你繼續努力，這時你已經突破了水面，突破了自己。」

衰事三明治

二十出頭的我有個摯友也有志於寫作，沒錯，就跟我一樣。我記得他曾因為屢次尋求出書失敗而陷入重度憂鬱，他會因此悶悶不樂、怒氣沖沖。

「我不想呆坐著一事無成，」他埋怨。「我希望自己的努力可以累積出成果。我希望可以把寫作當成**工作**。」

即便當時還很年輕的我，也隱隱感覺他的態度有些偏差。

我要強調當時我也沒有出書，我對出書也跟他一樣渴望。他想要得到的名利與肯定我也都想要。我對失望挫折並不陌生，但我告訴自己要當一名創作人，學習忍受失望與挫折是必修的課程。如果你想成為某種藝術家，我的看法是你必須把挫折當成是工作的一環，搞不好還是最基本的一環。挫折不是你創作過程的阻礙，**挫折就是創作的過程**。創作中好玩的部分，也就是完全不像在工作的部分，是你真的做出好作品，一切都很順利，外界反應都很肯定，你的聲勢直上天際。但這樣的情形絕對是特例中的特例，沒有人可以天天過年，一個高峰接續另一個高峰。高峰之間的低潮你如何應對，不順的時候你如何自處，從中就可以看出你敬業的程度，也可以確認你有沒有能力回應創作生活中看似不合理的各種磨練。能撐過創作過程中的各個階段而不至於崩潰，才是見真章的地方。

我最近拜讀了一個很棒的部落格，格主馬克・曼森（Mark Manson）說找到天命的祕密是誠實回答一個問題：你最喜歡的「衰事三明治」是什麼口味？

曼森的意思是任何的追求不論一開始看起來多麼好、多麼刺激而絢麗，都有其專屬的「衰事三明治」，也就是其獨具的惡性併發症。曼森的評論很有智慧：「時候到了，天底下沒有不討厭的事情。」每個人都得想清楚自己願意蹚多少渾水，所以真正的問題不是「你對什麼有熱情？」而是「你對什麼有熱情到願意忍受當中最不堪的一面？」

曼森的解釋是：「如果你想要成為全職的藝術家，但你不願意看到作品被拒絕幾百次或幾千次，那你的追尋還沒開始就已經結束了。如果你想要成為當紅的訴訟律師，卻不願意忍受天天加班到三更半夜，那我必須說你的前景不是很樂觀。」

因為如果你夠喜歡，非常想要達成目標，不論這目標是啥，那你就不會在乎吞下跟著目標包在一起的衰事三明治。

如果你真的想要懷孕當媽媽，你就不會在乎害喜一整夜。

如果你真的想當牧師，你就不會在意聽別人的問題與抱怨。

如果你真的喜歡巡迴表演，你就會接受四處奔波的辛苦與不便。

如果你真的想要看看這世界，你就會願意冒在火車上被扒的風險。

如果你真的喜歡花式溜冰，你就會願意冬天早上摸黑起床去溜冰場苦練。

當年我朋友口口聲聲說他想要成為作家，但他並不想吞下跟作家之路綁在一起的衰事三明治。他喜歡寫作，沒錯，但他沒有喜歡寫作到願意忍受想出而出不了書的不名譽，一件事情不保證能讓他名利雙收，他就不想努力練習。

這代表他說想成為作家，只是說說而已。

所以不意外地，沒多久他就放棄了。

一旁快餓昏的我，虎視眈眈地看著他吃剩下一半的衰事三明治，我心想：「你不吃了嗎？」

我就是這麼熱愛寫作：為了能繼續寫下去，我願意把別人剩下的衰事三明治給吃下去。

不要亂辭職

我在練習成為作家的這整段期間，白天都有正職。

即便是後來出書了，我也沒有辭掉工作，我覺得有工作安全些。其實一直到有大型出版社幫我出到第三本書，三本書都得到《紐約時報》好評，其中一本還獲得美國國家圖書獎的提名，我還是持續做著（好幾份）正職。外人看來，我這樣算是成功了吧，但我一點險都不想冒，所以我還是沒有辭掉白天的工作。

我終於決定把其他工作排開，專心寫書，是第四本書，那本讓人超傻眼的《享受吧！一個人的旅行》之後的事情。

我之所以長期維持穩定的收入來源，是因為不想讓現實生活影響到我的寫作。我深知不應該寄望寫作成為我吃飯的傢伙，因為這些年我看過太多人想用創作來付帳單，結果是扼殺了自己的才華。我看過許多藝術家把自己逼到破產與發瘋的絕境，只因為他們堅持認為要能單靠作品度日，才能稱得上是貨真價實的創作者。而當自身的創意辜負了他們的期望（比方說換來的錢不夠付房租），他們就會陷入怨恨、焦慮，乃至於破產。更慘的是他們完全放棄創作。

我一直覺得要以作品來撐起生活，對作品是很不公平的事情，藝術創作可不是公務員的鐵飯碗，也不是父母親幫你存好的信託基金。當然，如果你可以一輩子靠創意與才華衣食無虞，那很棒，那也是所有人的夢想，是吧？但可千萬不要讓這個夢從美夢變成噩夢。一文錢可以逼死英雄好漢，也可以把纖細而飄忽的靈感壓得喘不過氣來。你一定要聰明理財讓自己有得吃有得喝。說自己是藝術家所以不想去管柴米油鹽醬醋茶，就等於是把自己當成三歲小孩，我懇請各位不要這樣做，因為這對你的靈魂是一種侮辱。在創作時保有赤子之心是好的，但幾歲了還像個長不大的孩子那可就危險了。

其他稱得上幼稚而不切實際的幻想還包括：夢想嫁娶豪門；夢想繼承一大筆錢；夢想中大樂透；夢想找到願意隨侍在側的工作室人妻（或人夫）一手打理你的日常生活，讓你可以無後顧之憂與靈感進行二十四小時的交流，讓你可以把自己裹成一顆祥和的繭，對現實中一切的不便視而不見。

拜託，不要太誇張好不好。

這裡是地球，不是你媽的子宮。你可以活在地球上一邊創作一邊照顧好自己，就像千百年來的無數前輩一樣。何況能把自己顧好是件很有成就感的事情，這種成就感可以強烈地反映在你的作品中，你的作品也會因此出落得更為強韌。

藝術有淡旺季之分，好的時候你可以靠藝術養活自己，不好的時候你就得想辦法吃自己。話說你不應該把淡季視為危機，因為那只是正常的「景氣循環」，創作者的生活原本就充滿了不確定性，這一點再自然不過了。又或者你可能為了追求某個夢想而冒大險，結果鎩羽而歸，所以你得暫時回去上班，等存夠錢後才好再回到追夢的行列，這也不需要太介意，這沒什麼。該怎麼做就怎麼做，做就對了。把創意叫來大小聲說：「你要幫我賺錢啊！」就跟把貓咪叫來大小聲一樣，貓咪根本不知道你在說啥，只會被你的大嗓門跟猙獰的表情嚇跑。

我之所以遲遲不把工作辭掉，是因為我想讓創意享受自由與安全感。維持額外的財源不斷，我才好在靈感流量變小時說：「別擔心，慢慢來，你好了再跟我說，我都在這兒。」為了讓創意可以放心玩耍，我永遠願意努力工作。在這樣的過程中，我變成了自己的贊助者，我變成了自己的「工作室人妻」。

我經常想跟手頭太緊而面容憔悴的藝術家說：「不要讓自己被壓力搞得喘不過氣來，朋友，去找份工作吧！」

有工作不丟臉，丟臉的是用生活的重擔把創意嚇跑。這就是為何聽到有人說想不幹了去寫小說，我的手心就會開始出汗；這就是為何聽到他們只要賣出第一份劇本就可以把債還清，我都會害怕到起雞皮疙瘩。

寫小說，這ＯＫ，去寫！想賣劇本，也行，盡量去兜售！我衷心希望有人能慧眼識英雄，花大錢把你的心血買下，讓你能夠鹹魚翻身，一秒變身有錢人。但我真的拜託你不能太樂觀，因為這樣的好運實在太難產。你賭這麼大的結果很可能是把創意的生機都輸掉了。

你永遠可以在本業之餘從事藝術創作，我前三本書就是這樣寫出來的。要不是《享受吧！一個人的旅行》實在賣得太好，我現在應該還是繼續業餘從事寫作。童妮・摩里森（Toni Morrison）曾清晨五點爬起來寫小說，寫完再出門去出版業工作；J・K・羅琳（J.K. Rowling）還是個貧困交加的單親媽媽時，也曾想辦法勉強賺錢餬口，小說另外找時間寫；吾友安・派契特曾在TGI Friday餐廳打工，寫作是脫下制服之後的事情。我還認識一對為了生活得忙碌奔波的夫妻這麼做，兩夫妻都是插畫師，也都有全職的工作，他們會比小孩提早一小時起床，在小工作室裡面對面，靜靜地從事畫作。

這些人選擇這麼做，不是因為他們精力過剩或時間太多，而是因為他們重視自己的創作，因為他們願意這樣犧牲。

除非你家世代是有土地的貴族，否則這樣的犧牲很正常，一般人都是這樣。

妝點你的牛

人類歷史上大多數時候，絕大多數的人都是用偷來、借來的零碎時間在創作藝術，甚至連用的材料都是偷或撿別人不要的。我引用愛爾蘭詩人派翠克．卡瓦那夫（Patrick Kavanagh）的雋語來形容：「往那兒看看／人造的璀璨／由一人創作／遺留的素材。」（“See over there / A created splendour / Made by one individual / From things residual.”）

我在印度遇過一個人，他除了一頭牛以外身無分文。這頭牛有對很俊的角，而為了光耀自己的牛，這個人曾把其中一隻牛角塗成亮粉紅色，另外一隻則刷成海龜藍，然後他再拿些小鈴鐺黏在兩隻牛角尖上，好讓牛在搖頭時不僅角上的粉紅與藍色很閃，而且角尖還會發出叮叮噹噹的聲響。

這位算得上窮忙的男士就這麼一樣值錢的東西，但他將之妝點到極致，所有能取得的材料他都用上了，就那少許油漆、一點膠、幾個鈴鐺。因著他的創意，他現在擁有社區裡最招搖的牛了。這麼做為了什麼？不為什麼，就因為牛有打扮比「素顏」好，是吧？要不然事隔十一年，我也不會那趟印度小村莊之行所有東西全忘了，就只記得這頭盛裝打扮的牛。

用偷來的時間跟剩下的東西來搞藝術，真的是理想的創作環境嗎？好像也不見得，但或許還算過得去，又或許這樣的環境也沒有關係，反正千百年來的藝術都是在這樣的條件下做出來的。大部分人都不是很有時間，也不會有很多資源，更不可能每個人都得到贊助或獎賞……但創作者還是前仆後繼。他們不放棄是因為他們在意，他們不放棄是因為有聲音召喚著他們前進，即便要克服萬難也在所不惜。

有錢當然好，這點我相當確定。但如果錢是創作人生的唯一條件，那有錢人豈不個個都超級有想像力、超級有創造力、超級有原創性，但這顯然並非事實。創造力的核心對所有人都很公平，你需要的是：拿出勇氣（courage）、神性附體（enchantment）、允許自己（permission）、堅持到底（persistence）與選擇相信（trust），而這些元素在任何時空都是自由任取。但我說自由任取並不表示創作很容易，我只是說**創作永遠可行**。

我讀過一封令人心碎的信，是赫曼．梅爾維爾（Herman Melville）寫給好友拿塔尼爾・霍桑（Nathaniel Hawthorne）抱怨沒時間寫那本以鯨為題的書。梅爾維爾說：「我被環境拉過來扯過去。」梅爾維爾說他渴望有一大段完整的空閒可以創作，一段他稱之為「安詳平和、不火不慍、如草在生長般靜謐，創作者理想中的處境」，但這對他來說是一種不存在的奢侈品。他既身無分文又心力交瘁，要靜下心來寫作簡直是緣木求魚，談何容易。

我認識的藝術家不論大牌小牌，也不分業餘或全職，個個都有跟梅爾維爾一樣的夢想，話說誰不希望能在「安詳平和、不火不慍、如草在生長般靜謐，創作者理想中的處境」裡不受打擾地大展身手。但也不知怎麼回事，這樣的境界好像從來沒人達到過，要不然就是有人達到了（拿到補助、友人資助、當上駐地藝術家等），但這樣的樂園沒辦法久居，時間到了人還是要返回凡間。我認識再怎麼火紅的創作者，都還是會抱怨自己的閒暇太少，壓力太多，沒時間好好追夢。現實不斷在門外猛敲，讓你不得不站起身去外面瞧瞧。在某個平行宇宙的另外一號地球上，在投胎轉世的某次輪迴裡，這樣的創作伊甸園或許不再是夢想，但活在當下的我們實在很難經常如此奢望。

梅爾維爾就沒這樣的福分。

不過他還是寫出了《白鯨記》（*Moby-Dick*）。

劈腿創意

為何人面對創作能如此堅毅，一簞食一瓢飲，家徒四壁亦樂此不疲？

他們堅毅是因為有愛。

他們堅持是因為被創作工作弄得欲火焚身。

至於這是什麼樣的欲火焚身，我想我得說明一下。

正所謂乾柴烈火，你應該耳聞過搞婚外情的男女絕不會沒時間見面幽會，是吧？他們可能都有全職工作跟一家老小要顧，但這好像都不構成障礙，偷情男女就是可以擠出時間來相會，再多的困難，再大的風險，再高的代價，都不能阻止兩人在樓梯間抱個短短十五分鐘。小兩口沒空也會弄成有空，他們會善用這一點點空窗燃燒情欲，瘋狂親密。事實上正因為十五分鐘很短，他們的結合更會火辣難當。

出軌的人兒不在乎下午精神不好，不在乎午餐不吃胃痛，他們什麼都可以犧牲，更別說人擋殺人，佛擋殺佛，在他們與愛戀沉迷的對象之間容不下任何閒雜人等與事物——而這都是因為他們有心，因為他們在乎。

跟創意談場小王跟小三的戀愛吧，看看結果會怎樣！

別再把創意當成老夫老妻，一副要死不活、走不下去的模樣，請你用初戀的熱切眼神注視著創意。就算你們每天只有十五分鐘能在樓梯間幽會，也請你好好把握這一時半刻。讓樓梯間變成你跟創意的私人空間，好好擁吻一番（十五分鐘夠你好好互相上下其手一陣子，別跟我說也年輕過或還年輕的你不知道我在說啥）。溜出來跟最富創意的另外一個自己纏綿，任何人問起你中午吃飯跑去哪兒都別說實話。假裝你去拜訪客戶，但其實你偷偷跑去速寫、寫詩，或者草擬有機香菇農場的企畫案。把親朋好友統統蒙在鼓裡，任何念頭都不要透露。聚會一半落跑去跟夢想在暗處共舞，半夜醒來與靈感獨自相處，不要讓任何一雙眼睛看到。為了跟創意或靈感約會你可以少睡一點，可以放棄很多事情。

你願意放棄什麼只求與所愛相聚？

不要把犧牲想成是犧牲，**而要把犧牲想成是情趣**。

特里斯舛．項狄開金口

另外，你得想辦法讓自己在創意面前展露風情，讓自己出落得像是不容錯過的明星。關於這點，我一定要提的是十八世紀的英國散文家兼小說家勞倫斯．史登（Laurence Sterne）。稱得上會玩的勞倫斯．史登在小說《項狄傳》（*Tristram Shandy*）[1]中提出了我認為是寫作瓶頸的良藥，那就是盛裝以王子之姿把屬於「外貌協會」的點子跟靈感都吸引過來。

關於這點小說裡有詳細的描述。主人翁特里斯舛表示，在覺得自己「笨笨的」，覺得思路全都堵死了，覺得「筆下的思緒重到站不起來，卡到擠不過去」的時候，他不會坐困愁城與空白的紙頁大眼瞪小眼，他會從椅子上跳起來，拿出乾淨的剃刀把鬍子給刮乾淨。（「我想不通荷馬怎麼留個大鬍子還這麼能寫。」）然後他開始超級大變身：「我換件新襯衫，披上像樣點的大衣，搬出我上次戴的假髮，套上我的黃玉戒指，簡單講就是把自己從此岸打扮到彼岸，每樣都選最好。」

如此把衣櫃裡的壓箱寶統統翻出來搭配好，特里斯舛會在房間裡大搖大擺。他像是對著創意的世界擺pose，把魅力全部施展出來，也像是個自信十足的傢伙要用盡每一吋身長的帥勁來把妹。這招可以把人迷昏，但重點是確實有效。主角的解釋是：「男人華服加身，想法也會跟著一表人才；穿成像紳士，一個個想法也能在想像力面前傲立挺拔。」

我推薦你在家試試這招。

我自己試過幾次，每次都是我覺得特別沒勁或沒用的時候，乃至於我覺得創意在躲著我的時候。我會看著鏡中的自己說：「你這鬼樣子，難怪創意會躲著你！」說完我會把自己弄乾淨。我把糾結的頭髮弄齊，把發酸的睡衣拿去洗洗，然後淋浴。我會刮毛（我沒鬍子但得刮腳毛），穿上乾淨好看的衣服。我刷牙，洗臉，

1《項狄傳》（*Tristram Shandy*），全名為《紳士特里斯舛・項狄的生平與見解》（*The Life and Opinions of Tristram Shandy, Gentleman*）。

塗口紅（我平日絕少塗口紅）。我把桌上雜物清空，把窗戶推開，甚至點上香氣蠟燭來增加氣氛。我會噴上香水，老天，香水我平常連參加晚宴都不噴一點，但為了勾引創意跟我復合我什麼水都噴。（可可．香奈兒女士說：「不噴香水的女人沒有前途。」）

我記住自己在跟創意搞外遇，我努力讓自己在創意面前的每個角度都值得欣賞，讓自己的魅力連靈感也難擋，讓靈感把我當成是戀愛的對象。我不會把自家老公的內衣從星期一穿到星期底，活像個黃臉婆一樣完全放棄自己。我讓自己從髮梢到腳跟都沒有破綻（像特里斯舛所說的從此岸打扮到彼岸）。然後我再回到原本在忙的事情，靈感馬上就來，這我屢試不爽。我對天發誓，如果我有頂跟特里斯舛一樣的十八世紀白色假髮，我一定時不時戴著來時髦一下。

口訣是：「假戲真做，直到弄假成真。」

也可以說：「想寫什麼樣的小說，先那麼打扮。」

勾引大神降臨，祂必有所回應；就像烏鴉喜歡又亮又會轉的東西一樣。

穿著高跟鞋的恐懼

我曾經愛上一位才華洋溢的男子，我個人認為文筆遠勝於我的男子。才二十幾歲的時候，他就放棄了想要成為作家的念頭，因為他覺得作品一經寫出來總是不如構想時那麼美好，他覺得很挫折。他不想把腦中精采的設計寫成辭不達意的文句，他覺得這對美好創意是一種玷汙與糟蹋。

在我笨拙地跟總寫不好的短篇故事奮戰時，這個優秀的男生一個字也不肯寫。他甚至想讓我覺得自己應該為了一直想寫而感到羞恥：寫出來的東西這麼爛，我不會覺得痛苦，不覺得受到打擊嗎？他這麼說是在暗示自己比較懂得審美，所以暴露在不完美的作品當中，即便是他自身的作品，都會讓他的靈魂受到斲傷。他的想法是若寫不出曠世鉅著，他寧可不寫書，他自覺這是一種高尚的抉擇。

他說：「與其成功而有不足，我寧可失敗而美麗。」

去你的，我可不要。

因為構想太完美，手藝達不到而決定高掛工具的悲劇藝術家形象，對我來說一點都不浪漫。我看不出這是什麼英雄事蹟。我覺得堅持比賽到最後才有榮譽可言，就算你毫無勝算，拚到底也遠勝於因敏感的玻璃心而自動棄權。但想要拚到最後，你就必須捨棄不切實際的完美主義。

就讓我們來談談完美主義。

美國小說名家勞勃．史東（Robert Stone）曾開玩笑說他有兩種作家最要不得的個性：一個是懶，一個是完美主義。確實，又懶又完美主義會讓人喪失行動力並陷入悲慘的境地，這點沒有疑義。如果你希望創作生活過得滿意，這兩種個性你都必須棄絕，相信我。你需要培養的是正好相反的能力：你必須學著「認真打混」。

首先你必須忘記什麼叫完美。我們沒有時間去搞完美。不論從事任何活動，完美都是不可及的空中樓閣：完美是一種迷思，是一個陷阱，是你跑到死也到不了終點的跑步機。作家芮貝卡．索尼特（Rebecca Solnit）說得不錯：「我們太多人是完美的信徒，結果搞到事情一片荒蕪；完美不僅與良善為敵，也與現實為敵，與可能性為敵，與樂趣為敵。」

完美主義讓人在工作中舉步維艱，更糟的是，完美主義讓人停在出發線之前。

完美主義者常見還沒開始努力就判定作品絕對無法令人滿意，所以結論就是他們連試都懶得試了。

但完美主義最邪惡的伎倆，得算是把自己偽裝成一種美德。比方說在面試工作時，有人標榜自己是完美主義者，好像雇主會搶著買單一樣。殊不知這類應徵者最驕傲的事情，也正是拉著他們、不讓他們盡情去活出創意的元兇。他們去哪兒都把完美主義像勳章一樣掛在身上，好像很怕別人不知道他們的品味很優、標準很高。

但我不這麼看。我認為完美主義只是懦弱在社會金字塔上層的變形。我認為完美主義只是穿著昂貴高跟鞋與貂皮大衣的恐懼，裝著優雅的同時其實內心非常害怕。在光鮮亮麗的偽裝下，完美主義不過是深沉的存在焦慮，你可以聽到一聲又一聲的呼喊說著：「我不夠好，我永遠都不夠好。」

完美主義尤其對女性有致命的吸引力，我認為主要是女性的自我要求高於男性。很多原因造成在現今的創作圈裡，女性藝術家的聲音不夠大、見地不易曝光，這有時候是因為傳統上對女性的歧視或仇視，但還有另外一個很常見的原因是女性畫地自限。女性會自廢武功，把自己的創意、貢獻、領導力與才華給掩藏起來。很多女性同胞的想法好像自己沒資格走到台前，除非她們個人跟作品都可以臻於完美到誰也無法置喙。

相對之下，男性很少因為自己的東西不成熟就不敢參與跨國的文化交流。這是我說的啦。我這麼說並不是在批評男生，我欣賞男生這點，我喜歡他們不知道哪裡來的自信跟他們決定事情的那種隨興。他們會說：「嗯，這工作的資格我只符合百分之四十一，嗯，那就交給我吧！」當然，有時候做出來的結果很搞笑，甚至是一塌糊塗，但有時候也不知怎地，事情就是辦成了。一個怎麼看都後天失調、先天也不良的男人，竟然就把某件事情做好了、做對了，而這可能也就打通了他的任督二脈，讓他經此一搏功力更上層樓。

要是女生也這麼敢拚就好了。

但在現實中，我看到的女生大都與此背道而馳。我目睹太多聰明過人的女性創作者說：「這任務的條件我只符合百分之九十九點八，除非我把那百分之零點二補滿，否則我還是不容許自己跳出來，小心駛得萬年船。」

說真的，女性這種要完美才會有人愛或才能成功的想法是哪裡來的，我實在是想像不出來。（好啦！哈哈哈，開玩笑的！我完全可以想像。**這個社會每天不斷地傳遞這個訊息給我們！**真是多謝了人類歷史的薰陶。）但我們身為女性必須打破這樣的心魔，也只有我們自己可以斷開這副枷鎖。我們必須了解追求完美主義就是嚴重浪費時間，因為世界上沒有不能批評的事情，不論你花了多少個小時想寫出完美無瑕的東西，一定還是有人可以雞蛋裡挑骨頭。（你知道直到現在，還有人嫌棄貝多芬的交響曲有點那個，嗯，有點吵。）到了某個點，你真的就得把工作收尾，讓作品以真面目示人——這樣你才能帶著好心情與堅定的決心再去創作別的東西。

這才是重點。

能做下去才應該是重點。

馬可．奧里略開金口

馬可．奧里略是誰？他是西元二世紀的羅馬皇帝，他的個人日記讓我深深著迷許久。這位睿智的哲學家皇帝從沒想過要讓自己的沉思錄出版，但我很開心這些文字最終能見天日。我覺得看到兩千年前有這位聰明人，看到他努力督促自己要有創意，要拿出勇氣，要不斷追尋，是一件很勵志的事情。雖然相隔兩千年，但他遇到的挫折跟他是怎麼哄自己的過程，感覺真是出奇地現代（又或許這種心情不分年代，舉世永恆皆然）。你幾乎可以聽到他在想辦法要解決我們每個人都是過來人的問題：我在這裡幹麼？我的使命是什麼？我一路走來表現如何？我要如何實現自我？）

我格外喜歡看馬可．奧里略反抗完美主義來重拾寫作，不為成果好壞纏心。「遵循自然的指令行事」，他對自己寫下這樣一句：「化動力為行動，如果你內心有動力的話；別管別人是否肯定你。不要老想著柏拉圖的《理想國》，進步即便只有一點點也要感到滿足，結果的好壞要視為無物。」

是只有我這麼想嗎？還是你也覺得古羅馬的大哲皇帝得安慰自己當不成柏拉圖沒關係，是一件很討喜勵志的事情？

馬可，真的沒關係！

繼續努力就行。

只要持續創作，不論創作什麼，你就可能在無意間為世間增添令人驚豔而且歷久彌新，同時具有分量的經典傳世，就像馬可．奧里略皇帝最終寫出了《沉思錄》（*Meditations*）一樣。當然也可能你寫不出這種等級的東西，但只要創作是你的天職，那你就得堅持。堅持創作，你才能活出自己最大的藝術潛力，也才能讓自己保持理性。畢竟擁有創作者的心靈，就像養邊境牧羊犬當寵物一樣：牠不能不工作，不工作牠會發瘋，然後就輪到你發瘋。記得找事給自己的心靈做，不然它會自己找事做，而它找的事情你可能不樂見（啃沙發、在客廳地板上鑽洞，在郵差身上咬一口等等）。我花了許多年才學到這一課，但事實就是我若不忙著創造什麼，就會忙著摧毀什麼，到時候倒楣的可能是我自己，可能是我的感情或人際關係，也可能是我原本平靜的心靈。

我堅信我們都需要在人生中找到一樣東西讓我們不會想去啃沙發。不論要不要靠這樣東西謀生，我們都需要一種活動可以帶我們超越世俗，讓我們能暫時擺脫既定社會框架所限制的角色，不論這角色是母親、上班族、鄰人、手足，或是老闆。我們都需要一樣東西可以讓我們暫時忘記自己，暫時忘記自己的年齡，忘記自己是男是女，忘記自己的社經背景，忘記自己的責任義務，忘記自己過往的敗績，忘記我們曾經失去，忘記我們錯誤的決定。我們需要一樣事情能讓我們把自己是誰拋得遠遠的，這件事情會讓我們忘了吃飯，忘了去洗手間解放，忘了庭院的草已長長，忘了恨誰恨得牙癢癢的，忘了我們的安全感不夠強。這件事可以是祈禱與神交流，可以是做志工，可以是跟情人耳鬢廝磨，可以是去運動，可以是物質濫用（就是吸毒啦，只是下場很悲慘），但更重要的是創作也可以。創作賜與人最大的慈悲或許是這樣：在不長但微妙的一段時間裡，創作可以吸附我們全副的注意力，讓我們暫時卸下身處的難處與重擔，而且更棒的是在你走完創作的冒險之旅，你還可以得到一個紀念品，一個你親手所做，一個可以讓你憶起與靈感之短暫邂逅有多難忘的永久性紀念品。

我的書對我而言就是如此，我的書是我走這一遭的紀念品，是我（有幸）得以逃脫自己一下子的證據。

創造力有一個揮之不去的刻板印象是會把人搞瘋，這點恕我不能苟同：**不把創意表達出來才會讓人發瘋**。《多馬福音》說：「把你內心的東西釋放出來，這東西會解救你；不把內心的東西釋放出來，這東西會毀掉你。」所以請你從善如流，把內心的東西釋放出來，不用顧慮成敗，不用管作品（或者說紀念品）是臭臭的那種黃金還是亮亮的那種黃金，不用管發表之後是佳評如潮還是一片撻伐，不用管你是發表前沒沒無聞還是發表後從此沒沒無聞，更不用管發表後外界是頻頻點頭還是不解地搖頭；去做就是了。

你不用完美，也不用是柏拉圖。

這一切都是本能，都是實驗，都是謎，所以就去做。

起點不拘，最好從現在做起。

如果偉大或成功不小心跑來找你，讓它看到你在拚命努力。拚命努力，而且神智非常清醒。

誰管你

許久以前，當我年紀還輕，心情還不穩定的二十出頭歲，我遇到了一位聰慧、獨立、創造力十足而且有著堅強力量的女性，七十幾歲的她給了我人生道路上極好的一項建議。

她說：「我們二、三十歲的時候拚命得想要追求完美，因為我們擔心別人怎麼想；四、五十歲的時候我們開始感覺自由，因為我們決定不管別人怎麼想。但人要到六、七十歲才會真正自由，因為人到這個年紀才真正理解一樣可以解放你的真理：沒人管你，你想怎樣都沒人管你。」

現在沒人管你，過去沒人管你，以後也不會有人管你。

人多半只會管自己，而沒有時間管你在幹麼，也不太想知道你的做法，因為他們全都忙著在軋自己的小劇場。除非你在公開場合破了世界紀錄，或者你摔到滿嘴吃土，人的注意力確實可以被你吸引過來一下下，但很快每雙眼睛又會把目光調回原本的焦點，也就是他們自己身上。知道自己不是別人的當務之急可能感覺有點落寞，有點不堪，但凡事都有兩面，這件事的好處就是你可以鬆一口氣了。你自由了，因為大家忙自己就忙不完了，誰有時間管你。

所以你想當誰，就當誰。

想幹麼，就幹麼。

覺得對什麼事情著迷，做什麼事情開心，就去做。

想創作什麼就去創作什麼，就在超級不完美中盡情揮灑，因為非常可能沒人管你。

喔耶！

先求有再求好

我之所以能夠堅持完成自己的第一本小說，就是因為我容許自己在不完美中盡情揮灑。我推著自己不斷地寫，不因為我覺得自己寫得很爛而停下筆來。這第一本小說連完美的邊都看不見，我簡直快瘋了。我記得寫這本小說的那幾年，我每天在房間裡踱步，就為了鼓起勇氣回到書桌上的爛東西前；面對自己的不足之處，我提醒自己：「我從來沒有答應宇宙我要當個很棒的作家，拜託！我只說我會當個作家！」

累積寫了七十五頁以後，我近乎無以為繼。這稿子實在差到讓我寫不下去，我覺得丟臉死了。但話說回來，我還是逼著自己不要臉地寫了下去，因為我拒絕有天得想著抽屜裡那七十五頁未完的小說進棺材，我不想當這樣的人。世上已經有太多手稿半途而廢，我不想在那深不見底的一大疊手稿裡多加一篇。所以儘管我覺得自己的文筆再爛，我都堅持把作品寫完。

我還一直惦念著我媽常說的話：「先求有再求好。」

我小時候天天可以聽到我媽說這一句，但這並不是因為我母親卡洛．吉兒伯特（Carole Gilbert）是個偷懶的人，相反地，她做事很勤勉又有效率。重點是我母親非常腳踏實地，她知道一天就是二十四小時，一年就是三百六十五天，一生就是幾十年，所以人只能盡其在我，在合理的時間內盡力而為，然後接受、放手。如果是遇到要洗碗或包聖誕節禮物的時候，我媽的想法與喬治．巴頓將軍（General George Patton）英雄所見略同：一個下禮拜可以完美執行的計畫，不如一個現在可以硬幹的計畫。

或者換個說法：一本永遠寫不出來的精美加完美小說，不如一本現在可以寫出來還過得去的小說。

我覺得我媽了解這個極端的概念：完成本身就是一種成就，因為完成本身就很罕見。真相是很多人根本完成不了事情！看看四周，這項事實再明顯也不過了：**人就是會半途而廢**。他們滿心期待外加雄心萬丈，但沒多久就陷入欠缺安全感、自我懷疑與鑽牛角尖的泥淖……接著他們就不玩了。

所以只要你能完成一樣作品，只是完成喔，你就已經勝過一堆人了，你沒看到身後那一大群嗎？

換句話說，你希望擁有完美的作品；而我，只希望有作品。

稍微傾斜的屋子，讚啦

我現在就可以與你促膝長談我每本作品哪裡有問題，一頁一頁談，把每個不對的地方都攤開來講。當然這對我們都會是一個很漫長、很枯燥的午後，但真要做我做得到。我可以把我選擇不去修、不去改，不想辦法弄得更好，不去計較的地方都指給你看；我可以把我抄捷徑，把我想破腦袋也不知該怎樣運用得更細緻的描述圈出來；我可以告訴你哪些角色被我賜死，只是因為我不知道拿他們怎麼辦；我可以招認邏輯上的斷點、研究上的缺口；我可以讓你知道這小說能不散開，是因為什麼地方綁了多少鞋帶，什麼地方又黏了多少膠帶。

但為了節省時間，讓我就說一個有代表性的例子。在我最近的小說《愛瑪》（*The Signature of All Things*）裡，就有一個塑造得不夠完全的角色。她壞到不太可能在現實中存在（反正我是這麼認為），而且她登場的方式也有點便宜行事。我心知肚明，甚至在寫她的時候，我都知道我對這個角色的設定有點不對勁，但我就是想不出怎樣讓她更有真實感，更接近我的理想。我希望沒人注意到，因為有時候我們真的可以逃掉，但我把書稿拿去給我早年的讀者看，結果他們都點出了這個角色有問題。

我考慮過修正這個角色，但就為了這一個角色走回頭路，實在是有點得不償失，怎麼想都不合算。首先改這一個角色需要增加五十到七十頁的篇幅，而書稿現在已經厚達七百頁，再加篇幅對讀者實在不太人道，所以作者有時候也得當機立斷，當斷則斷。此外我也覺得回頭很冒險，若是為了解決這一個角色的問題，我將得把整篇小說拆回僅剩前幾章再重新出發，這麼重大的重建，我擔心我會毀掉一本原本已經可以付梓，也**不算差**的文學書籍。這就好比要木匠把已經蓋好的房子拆掉重來，只因為他到最後才發現地基與水平差了幾吋。當然，重建可以把地基弄平，但建物原本的優點與魅力也會因此消失，更別提還浪費了幾個月的時間。

所以我決定不改。

綜合以上所說，我已經辛苦地花了四年的工夫寫這本小說，已經消耗了不少的心血、熱情與信念，基本上我也喜歡這小說現在的樣子。是的，這小說稍微有點傾斜，但結構牆的強度還是相當夠，天花板撐得很好，窗櫺也可以正常開啟，更何況我不太在乎住的房子有一點點無傷大雅的斜（我小時候的家就有點斜，但這家很糟嗎？並沒有）。我覺得我的小說是篇很有趣的成品，而且要是角色都沒問題，這小說搞不好還不會這麼有趣呢！所以就這樣吧，不改！

你知道我把自承不完美的小說發表之後，發生了什麼事情嗎？

嗯，沒發生什麼事。

地球還是由西向東轉動，江河繼續朝著海洋淌流，鳥兒沒有飛到一半掉下來昏倒。我得到了些不錯的評語、一些不好的評語，也有些不痛不癢的評語。《愛瑪》有人喜歡，也有人不喜歡。水電師傅有天來我家廚房修水槽，修著修著他注意到桌上的一本《愛瑪》。於是他開口了：「我跟你說，小姐，這本書會很難賣喔，你這個書名不好。」有人希望小說短一點，有人希望長一點；有人希望故事裡有多一點狗狗，少一點自慰的描寫。有幾位書評提到那位「發育不全」的角色，但並沒有人因此大做文章。

結論是：一堆人一下子對我的小說有一堆意見，但沒多久大家又各忙各的了，因為每個人都很忙，也都有自己的生活要顧。但寫《愛瑪》是我心智與感性上很難忘的體驗，這段創作過程中的收穫會留在我身邊，永遠。這四年的時間寫出《愛瑪》，實在太值得了。雖然寫完之後我感覺作品並不完美，但《愛瑪》在我心中仍是當時我能力所及的巔峰。我相信自己在《愛瑪》的前後有了長足的進步。這樣的經驗千金我也不換。

作品完成了，是時候朝新的目標邁進了。不知又是什麼時候，某樣作品又會有人說**還不錯**。這就是我一貫的作風，而且只要我能力還夠，這會是我永遠的作風。

因為這是我輩專屬的曲子。
叫做「認真打混」之歌。

成功的定義

那些年我白天勤奮上班，業餘鍛鍊文筆，我知道沒人能保證什麼。我從沒忘記自己可能什麼也達不到，我可能永遠也出不了書。畢竟不是每個人都能成為躺著賺的藝術家，這種幸運兒是少數中的少數；但我也始終相信有一股神奇的力量。當然我不是三歲小孩，我知道世界上無所謂心想事成，我知道有才華不見得能成事，努力不見得有回報，甚至超強的人脈也不見得有用——最後一點反正我也沒有。

創作的生活跟其他俗氣一點的追求有一點不同，創作稍微有點奇特，不適用一般的規則。正常狀況下天分加上努力，你多半可以有點成績。但進入藝術的領域，這就很難說了。你可能曇花一現，此後不再有人看見；你可能一邊是銀盤裡不斷進帳，一邊有人扯你後腿；你可能前一秒是當紅炸子雞，下一秒沒人想理你；媒體寵兒可能一下子是你，一下子是你眼中的傻子。

管作品賣不賣的神明就像個有錢而性情多變的老太太，住在偏僻山上的豪宅，很難講誰能得到她的財產。她有時候把錢送給騙子花，而忽略了真正的才華；她的遺囑完全忘記侍奉她一輩子的人有多忠心，反倒送台賓士給只幫她割過一次草的可愛男孩。她一會兒決定這樣，一會兒想要那樣。我們試著猜測她的心意，但她的想法總是成謎，她也從不覺得自己需要跟我們說明。簡單來說，創作世界這位掌管名利雙收的女神可能眷顧你，也可能把你踢一邊去。可能最好的情形是你不去管她開不開心，也不以她的神來之筆當作你幸福的定義。

因此你最好重新檢討一下你心中「成功」的定義。

對我來說，我很早就決定要專注在創作上，不去擔心別的事情。我以專注的程度來衡量自己的價值。我知道藝術家要「成功」有三項因素：才華、機運、紀律，也知道這裡頭有兩樣不歸我管。遺傳已經決定我的資質，機遇之骰命運會幫我擲，只有紀律操之在吾。既然如此，我也只有拚了才算得上聰明。我就這麼一手牌，只能盡力把牌打好。

當然，努力完全不保證成功（創作的世界充滿了不確定性）。但我總覺得努力與紀律是我最佳的選擇。做你所愛，而且要做得認真，做得心情愉快，這樣至少你知道你試過了。不論結果如何，你都打過了美好的一戰。

我有一個朋友是位上進的音樂家，有天她妹妹問了她一個很合理的問題：「如果你學音樂學得這麼辛苦，最後什麼也沒得到，怎麼辦？如果你追尋自己的熱情，但最後沒有得到任何名利，那怎麼辦？到時候你會不會覺得青春都浪費掉了？」

我的朋友也答得很合理。她說：「如果你現在看不出我已經得到了許多，那我再跟你解釋也沒有用。」

有愛，你就會不顧一切拚下去。

職涯 vs. 職業

正因為藝術創作充滿了困難與不確定性，所以我始終不鼓勵人選擇藝術創作來規畫職涯；這個立場我今後也不會改變，因為除了極少數特例，創作是一條前景黯淡而不堪的不歸路（當然我說的黯淡是指「錢景」黯淡，畢竟職涯合理的定義應包括在可預見的未來提供合理金錢報酬）。

就算你在藝術創作混出點名堂，你的創作職涯還是會有部分很不堪。你可能不喜歡你的出版社，或你合作的畫廊，或你的鼓手，或你的電影掌鏡。你可能憎恨你的巡迴行程、你瘋狂的粉絲，或媒體的評論。你可能難以忍受在受訪時一而再、再而三被大同小異的問題疲勞轟炸；你可能因為長期達不到自我要求而心存沮喪。相信我，只要你有心抱怨，事情一定永遠抱怨不完，就算幸運女神看起來很眷顧你了也不會讓這點有所好轉。

但只要你具備熱情、勇氣與毅力，以及這三元素塑造出的獨特眼光，那創作可以是個很棒的職業。如果你想從事創作但又不會把自己搞瘋，我會說這是僅有的一條出路。因為沒有人跟我們說過這條路很容易走，而不確定性是在我們說想創作的時候就已經簽字答應的事情。

這些時日以來，大家驚慌於網路跟數位化將如何改變創作領域，大家都為了世事多變，未來還有沒有藝術家的職位與餬口的空間而惶惶不可終日。請容我點出早在網路與數位化存在之前，藝術就已經是個屎缺了。這可不像在一九八九年，每個人都跟我說：「年輕人，你知道現在想賺錢要做什麼嗎？寫作！」一八八九年可沒人講這話，一七八九年也一樣，二〇八九年更會是這樣。但肯定還是有人想盡辦法要當作家，因為他們愛這一行。另外像畫家、雕刻家、音樂家、演員、詩人、導演、做手工棉被的、織衣服的、燒陶的、吹玻璃的、打鐵的、瓷器藝術家、書法家、拼貼畫家、美甲達人、愛爾蘭木屐舞者與凱爾特豎琴師，也還是有人想從事。反正就是忠言逆耳，就是有人要冥頑不靈、無所求地去創作有形無形的美好事物，這是人類一貫的糊塗。

這條路會不會時而不太好走？絕對不好走。

這條路會不會讓生活很有趣？絕對很有趣。

創作一定會遇到的困境與障礙會不會給你苦頭吃？關於這點，我對天發誓，完全取決於你自己。

麋鹿說話

讓我來跟大家說個毅力與耐心的故事。

二十出頭的我寫過一篇短篇故事叫《麋鹿說話》（*Elk Talk*）。這個故事的靈感來自於我在懷俄明州打工當農場廚師時的一次經驗。有天我跟幾個牛仔同事說笑喝啤酒，很晚了都還沒睡。這些牛仔也都是獵人，於是我們聊到麋鹿的叫聲，獵人有各種技巧可以模仿公鹿求偶的叫聲，藉此把鹿群吸引過來。一個叫漢克的牛仔大方承認他最近買了一捲錄音帶，是由獵鹿史上最偉大的麋鹿模仿大師親自錄製的麋鹿叫聲專輯，這位大師的名字（我記得非常清楚）叫做賴瑞·D·瓊斯（Larry D. Jones）。

不知道什麼原因，可能是啤酒的關係吧，我當下覺得這是我聽過最好玩的事情。世上竟有個叫賴瑞·D·瓊斯的人以錄製模仿的麋鹿求偶聲為業，我覺得妙極了，而我朋友漢克也竟然去買這樣的專輯回來練習，這可更把我逗樂了。我「盧」漢克去把這捲教學錄音帶找出來，一遍遍放給我聽，結果我邊聽邊笑得快要暈過去。我不僅覺得（傷害耳膜直逼保麗龍互刮的）尖銳麋鹿叫聲娛樂性十足，也很愛賴瑞．D．瓊斯大師嘮叨要如何精進正確發音時的苦口婆心。如果是搞笑演員，我會覺得自己挖到寶了。

然後不知怎地（或許又只能是啤酒的關係），我想到要漢克跟我一起試看看。我提議我們應該半夜跑到森林裡，用有喇叭的錄放音機把錄音帶放出來，看看結果會怎樣。我們不是說說而已，我們真的這樣做。帶著醉意、玩心與大嗓門的我們直闖懷俄明州的森林，漢克肩上扛著錄放音機，音量轉到最大，而我一直被超大聲的偽公麋鹿發情叫聲逗得花枝亂顫，主要是瓊斯大師還在示範中穿插著低頻的解說，而這一切在四下安靜的環境中顯得砲聲隆隆。

我們這樣的舉動跟大自然說有多不搭嘎就有多不搭嘎，但大自然還是找到了我們的頻率。突然間蹄聲排山倒海而來（那之前我沒聽過席捲而來的大型動物蹄聲），然後是大小樹枝被衝撞的聲音，再來就是一隻超大的公麋鹿降臨在我們身處的空地上，月光下直挺挺地站著，距離我們不過短短幾碼的距離，還不忘記要大聲呼吸、腳蹭土地，甩著頭上的犄角傳達怒氣：是哪隻公鹿膽敢與我為敵，竟敢侵門踏戶，跑來我的地盤上大呼小叫找對象？

一瞬間，瓊斯大師的錄音帶不好玩了。

當時我跟漢克應該創下了酒醒最快的世界紀錄。我們原本還在嘻嘻哈哈，但眼前這隻七百磅重的龐然大物可沒啥幽默感，牠是來迎敵的。當時的情況就好像我們自以為可以跟靈界進行一下人畜無害的交流，卻無意間召來了危險的惡鬼。我們惹到了惹不起的力量，我們完全誤判了自己的分量。

發抖的我，直覺反應是要在麋鹿面前鞠躬求饒。漢克的直覺則比較聰明，他把錄放音機丟得老遠，就好像在丟點燃了的炸彈一樣（只求我們能在那超真實的森林裡與假鹿叫聲保持距離）。我們彎身躲在大石後面，驚異地看著麋鹿呼出雲霧氣息，憤怒地用視線搜尋對手，同時還用蹄子猛踏腳下的土地。上帝的面容就是能震懾住你，而這隻雄偉的生物出落得就像神祇一樣。

公鹿終於離開後，我們才步履維艱地回到農場，死裡逃生而餘悸猶存的我們感覺非常謙卑、非常脆弱。這真的很「令人敬畏」，無論是這次親身體驗還是那隻雄偉生物。

我把這經驗寫了下來。當然我想寫的不是流水帳，我想的是抓住這種感覺（不知天高地厚的人類在神聖的自然現象面前學會謙遜），並以這種感覺為基礎，認真深刻地書寫人與自然的關係。我想用虛構的主角，把刺激至極的親身體驗改編成短篇小說。花了幾個月的工夫，我終於按照自己的意思寫出了故事，或至少讓故事盡可能逼近我理想中的樣子。以我當時的年齡與文筆，我盡力了。我下了個標題：《麋鹿說話》，並且投稿到雜誌社，希望有人願意登。

當時我亂槍打鳥的對象包括現已停刊的著名文學期刊《故事》（Story），很多我在文壇的偶像，如齊弗（John Cheever）、考德威爾（Taylor Caldwell）、沙林傑（J. D. Salinger）、海勒（Joseph Heller），都在這幾十年間的《故事》中留下了鉛字字跡。我也想在這些紙頁中與大師比肩。但幾週後，拒絕信還是不可避免地寄來了，但這可不是封普通的拒絕信。

各位必須了解拒絕信有強度之分，同樣是「不要」，上頭其實存在一個由弱到強的光譜。世上除了有所謂鐵板燒等級的拒絕信以外，還有鐵板燒等級的拒絕信外加下方留白處的一點手寫訊息。這訊息可能只有短短幾字說：「還滿有趣的，但不適合敝社走向！」就算是收到這種像麵包屑一樣，聊勝於無的些許肯定，我也可以很樂。年輕時，很多人都知道我會跑去跟朋友大呼小叫：「我剛收到的拒絕信超妙！」

但《故事》的拒絕信仍不可等閒視之，因為寫這信的不是別人，而是坐鎮《故事》的露伊絲．羅森陶（Lois Rosenthal）主編。羅森陶女士的回覆在周詳中不忘鼓勵。她在信中說她喜歡這故事，因為比起主人翁是人的故事，她更偏愛故事的情節圍繞著動物。但最終她覺得收尾有不足之處，所以她不能採用，但她祝福我未來有好的發展。

對還沒發表過作品的作者來說，能夠被主編親自打槍打得這麼認真，簡直跟得到普立茲文學獎沒有兩樣！我樂翻了，我從來沒有被拒絕得這麼爽過。於是我再接再厲，我把退稿從回郵信封中抽出來，改寄到別家雜誌，然後又被拒絕一次——搞不好可以收集到更酷的拒絕信也不一定。我能打死不退是因為遊戲就是這樣玩的，不准後退，只能前進。

幾年過去，我持續白天上班業餘寫作。我終於成功發表了作品，但刊出的是不同的短篇故事，而且並不是登在《故事》雜誌。而順利發表之後，我也開始有了自己的出版經紀人，投稿變成了莎拉的工作。（我不用自己影印了，莎拉有自己的影印機！）合作了幾個月以後，莎拉終於在電話中傳來了好消息：我的舊作《麋鹿說話》要發表了！

「怎麼這麼好，」我說：「是誰這麼有眼光？」

「《故事》雜誌，」莎拉向我回報：「露伊絲・羅森陶覺得這作品很好。」

蛤？

這下有趣了。

隔幾天，我跟主編通上了電話，她人真的是客氣到沒話講。她說她覺得《麋鹿說話》無懈可擊，還說她等不及要登這篇故事。

「你喜歡故事的結尾嗎？」我試探她。

「當然，」她不疑有他。「我很滿意結局。」

整通電話講下來，我手中都握著幾年前她寫給我的拒絕信，顯然她完全不記得讀過《麋鹿說話》的事情。我也沒提，我很開心她終於能接受我的作品，我不想在這節骨眼上表現得不尊敬、充滿敵意，或是不懂得感激。但話說回來我還是很好奇，所以我丟了這麼一個問題：「您欣賞我的故事哪裡？主編願意分享一下嗎？」

她說：「這故事很有感染力，氣氛很神祕。還有這故事好像勾起我什麼回憶，只是我怎麼都想不起……」

還好我沒有笨到說：「這故事就是你想不起的事情。」

美麗的野獸

所以我們要怎麼解讀這件事情？

凡事往壞處想，那就是：「這是人生極不公平的鐵證。」

來檢視一下事實：從沒沒無聞的作者手上拿到《麋鹿說話》，露伊絲就不想登，從知名經紀人手中拿到同一篇《麋鹿說話》，她又想登了。歸咎起來：你腦袋裡有什麼東西不重要，你通訊錄裡有什麼才重要。才華是參考用，人脈才是決勝用。而創作圈就跟這個花花世界一樣，冷血無情外加不公不義。

如果你要這樣想，請便，我沒意見。

但我不這麼想。我剛好反過來覺得這是「大神」再次顯靈，而且還顯現得非常有技巧。我覺得這證明了人不能輕言放棄，證明了「拒絕」不見得代表真正的「拒絕」，更證明了人只要堅持下去，就絕對有機會柳暗花明。

另外我們得考慮一點，那就是在一九九〇年代初期，露伊絲．羅森陶主編光一天就要看多少則短篇（我見過雜誌社裡收到的投稿，你可以想像信封疊得像天高）。我們都會敝帚自珍地覺得自己的作品是原創，覺得自己的東西一定特別到令人難忘，但過了某個點，其實大家的想法開始英雄所見略同，就算以動物為題的故事也是一樣。再者，我並不知道第一次露伊絲是在什麼心情下讀《麋鹿說話》。搞不好她是忙了一天或跟同事吵完架才來讀，又或者她是趁要去機場接不是很想接的遠親之前讀一下。我也不知道第二次露伊絲是在什麼心情下讀《麋鹿說話》。或許她好好玩了一趟，剛返回工作崗位還充電充得很滿，或許她剛收到好消息說親愛的家人其實沒得癌症。天曉得！我只知道露伊絲．羅森陶第二次讀《麋鹿說話》，她對故事產生了共鳴，她聽到了故事在對她吟唱。但共鳴之所以能在她的心中迴響，是七年前我把故事的種子埋下，是因為我第一次有把故事寄給她，也因為我沒有因為一次拒絕就把寫筆高掛。

這經驗還告訴我，這些人，這些站在我們夢想之前的守門人，他們不是機器人，他們也是有血有肉的平凡人，所以跟我們一樣會心血來潮，會有奇奇怪怪的想法。他們每天早上醒來都會跟前一天稍有不同，就像你我每天睜眼也都有一點改變。什麼東西會在什麼時候抓準誰的想法，無跡可尋，也沒有模板可以用來比對或預期。我們能期待的，只有能在剛好的時機觸及對方。但時機何時來沒人知道，所以我們必須想辦法提高矇到的機率。強迫自己樂觀進取，沒成功就再試一遍，兩遍，三遍，四遍……

這些努力不會白費，因為等到有天你終於搭上線，你將能感受到不屬於人世間的至樂。真實的創作人生就應該是這種感覺，就應該是你一試再試都無功而返，但你還是繼續探求，直到在你完全沒有料想到的某天，事情發生了，你連線成功了。不知道從哪裡跑出來的種種條件紛紛到位，事情一蹴而成。創作藝術確實有時候很像在召喚神靈，也像在深夜中呼叫潛行的野獸。你的行動看來無效乃至於可笑，但突然間你聽見了落雷般的蹄聲，壯美的野獸衝出到開闊的林地，原來你在找牠，牠也在找你，而且牠跟你一樣急。

所以你絕對不能放棄，你在深夜裡呼喊「大神」的事情一定要繼續。你必須不喊累，必須堅持信念努力追尋，只求有那麼一絲希望可以體驗到與創意融合的那種神聖撞擊——不論你追尋的是第一次，還是再一次。

當一切水到渠成，那種感覺真的是超神；當所有條件各就各位，你能做的就只剩下鞠躬感恩，彷彿你在神蹟面前搶到最前排的座位。

搖滾區門票很貴的。

最後，這點建議

許多年前，我叔叔尼可在首都華盛頓的一家書店聽美國名作家理查・福特（Richard Ford）演講。在朗讀結束後的開放問答中，席間一位中年男士起身發言：「福特先生，我們兩個很像。跟你一樣我一生都在寫短篇故事與小說，我們歲數差不多，背景也相仿，就連我們選擇的寫作主題都很像。唯一的差別就在於你在文壇寫出了名氣，而我奮戰了幾十載，作品卻依舊苦無機會發表。我心碎了，太多的拒絕與失望把我的精神擊碎了。我在想你有沒有什麼建言可以給我，但拜託，請不要只跟我說要堅持，因為每個人都叫我要堅持，聽到堅持二字我只會更煩躁。」

嗯，我不在現場，跟理查．福特也沒有私交。但按照我叔叔的講法（我叔叔是個很優秀的記者），福特的回答是：「這位先生，很遺憾你的寫作之路並不順遂。但請相信我，我絕對不會用請堅持下去來打發你，那對你會是一種侮辱。年復一年遭到拒絕，我沒法想像還要被說要堅持會讓人覺得打擊多大。其實我想說的是另一句話，這句話可能會讓你感到驚訝。我想說的是請放棄吧。」

這話一出，現場的人全都僵在那兒——這是哪門子的鼓勵啊？

福特接著說：「我之所以對你這麼說，是因為寫作顯然沒有讓你開心，寫作帶給你的只有痛苦。人生苦短，應及時行樂才是。你應該把寫作的夢想放下，找其他事情去豐富你的人生。旅行、學習新的興趣、多跟家人朋友相處，或者放鬆休息都行。但就不要再寫了，寫作顯然在傷害著你。」

現場又是一陣長長的沉默。

然後福特露出了笑容，幾乎像是才想到地又開了口：「不過，我會說，如果過幾年你發現自己找不到別的東西來取代寫作，其他的事情都不能給你同等的著迷、感動與啟發……嗯，那麼，先生，我怕你也只能回到寫作之路上來堅持了。」

選擇相信

你有愛嗎？

吾友羅賓．沃爾．金莫若博士（Dr. Robin Wall Kimmerer）身兼植物學家與作家的身分，同時還在位於紐約州雪城的紐約州立大學環境科學與森林學院（College of Environmental Science and Forestry）教授環境生物學課程。她的學生全是熱血的年輕一代環保先鋒，衝勁統統處於最大值，以地球興亡為己任。

不過在放手讓學子去拯救世界之前，羅賓老師總會問他們兩個問題。

第一個問題：你們愛大自然嗎？

所有人手都舉得像火箭升空。

第二個問題：大自然愛你們嗎？

所有的手又都降落。

這時候羅賓就會說：「那我們就有點小問題了。」

羅賓老師所謂的小問題是：這些年輕人對拯救世界懷抱著熱忱，但他們真以為這活生生的世界對他們沒有感覺。他們的想法是人類純粹只是被動的消費者，人類的存在是一股毀滅的力量（我們對大自然只有需索與耗用，回饋則完全沒有）。這些年輕人篤信人類出現在地球是一個不美麗的誤會，所以地球對人類的態度是完全不屑。

古人對此有不一樣的看法，這點很明顯。我們祖先的行事總是帶著一種跟周圍環境互惠共榮的感性。不論覺得自然之母在獎賞他們還是在處罰他們，古人總是保持與大地之母的對話。

羅賓認為現代人失去了這種對話的能力——現代人未能察覺大地在與人溝通，一如人在對自然傳遞訊息。教育告訴我們自然無視於人的存在，也聽不到我們說了什麼事情，這或許是因為我們覺得自然生來並沒有感知的能力吧。這其實是個有點悲哀的思想架構，因為這樣的心態否定了任何互動關係的可能性（就連把大地想成會略施薄懲的嚴母，都好過覺得自然對人無動於衷，因為憤怒至少代表了某種能量的交換）。

缺了這種跟自然界互動的聯想，羅賓警告學生說，他們會錯失一樣重要得不得了的東西：他們會錯失讓自己成為生命共同創作者的契機與潛力。羅賓的說法是：

「愛在地球與人之間的交流，同時召喚出雙方的創造力稟賦。地球不但不把我們當成空氣，還呼喚著我們站出來交流才華；互惠原本就是生命與創造力的本色。」

或者，說得更簡單些：自然提供種籽，人類貢獻花園，兩造互蒙其利，彼此互相感激。

因此羅賓一向用這樣的問題開場。在能教導學生去修復世界前，她得先教會學生修復**世界觀**。她必須讓學生覺得自己的存在有正當性（這呼應了前面所提「歸屬的傲慢」）。她必須把這樣的觀念介紹給學生，讓學生知道他們所敬愛的自然，也可能與他們「兩情相悅」——創造人的大自然也會愛人的。

若非如此，則萬事休矣。

若非如此，那地球跟學生，乃至於我們任何一個人，都只會落得雙輸而已。

我的野蠻女友

受到上述觀念的啟發，我現在也常拿同一套問題去問有上進心的年輕作家。

「你愛寫作嗎？」我問。
他們當然回答愛。不然呢？
然後我接著問：「那你覺得寫作愛你嗎？」
此話一出，他們看著我的眼神好像想送我去住院一樣。
「當然不啊！」他們說。大部分人都說寫作對他們的心思完全不予理會。就算感覺到跟創造力之間產生了某種雙向連結，那通常也是種很病態、很不健康的互動。在很多案例中，新生代作家都表示寫作仇視著他們。寫作讓他們思緒混亂，讓他們飽受磨難，讓他們苦尋不著靈感，讓他們受到懲罰，讓他們遭受摧殘，讓他們從後面被踢著往前趕，總之寫作虐待人的手法可說是不擇手段。
我認識的一位年輕作家說過：「對我來說，寫作就像高中時那位很過分的正妹。你把她當女神崇拜，她卻把你當工具人一樣把玩。你心知這女的很不好，理智上你知道應該快逃，但她就是有本事讓你走不掉。就在你以為可以把到她當女友的時候，她卻卿卿我我地跟足球校隊的隊長在校園裡牽手，彷彿你對她是陌生人，從來沒見過。你只能把自己關到廁所裡哭。寫作就是壞到這種程度。」

「既然如此，」我問他，「那你人生想要做什麼？」

「我想要寫作，想當作家。」他說。

受虐狂

你看出這有多變態了嗎？

會有這種感覺的不是只有想出頭的作家而已。已經闖出名堂的資深作家也對自身的作品有一樣深沉陰暗的控訴，不然你以為年輕作家這麼說是跟誰學的？諾曼・梅勒（Norman Mailer）說自己每寫一本書，全身細胞就被殺死一部分。菲利浦・羅斯（Philip Roth）在他血淚斑斑的寫作生涯中，從沒停止把寫作對他的欺壓比喻成中古時代的逼供酷刑。王爾德（Oscar Wilde）把作家的生活比喻成「愉快的慢性自殺」（one long, lovely suicide）。我很崇拜王爾德，但我實在沒辦法理解用愉快去形容自殺的邏輯，我不覺得寫作時的各種痛苦有什麼愉快可言。

會有這種感覺的不只是作家，視覺藝術家也所見略同。畫家法蘭西斯・培根

（Francis Bacon）說過：「對藝術家而言，絕望與痛苦的用處大於幸福滿足，因為絕望與痛苦可以延展你的整體認知範疇。」演員如此，舞者如此，樂手當然更是如此。北美創作歌手魯佛斯・溫萊特（Rufus Wainwright）曾坦承他很擔心自己陷入幸福的感情關係當中，因為沒有了愛情障礙的情緒起伏，他怕自己也回不到那個「暗黑的痛苦深淵」，畢竟他曾經在這淵藪旁寫出許多重要的音樂作品。

樂手如此，詩人就更不用說了。

不過分地，現代的創作語言從初出茅廬的年輕創作者到備受肯定的大師身上，無不深深扎根在痛苦、孤獨與混亂當中。無數創作者在有形無形的寂寥中案牘勞形或辛勤耕耘，他們不但與人群隔離，也與創造力本身的源頭隔離。

更糟的是，他們與自身作品的關係往往呈現出一種情緒暴力。你想創作出什麼東西來嗎？那就割腕放血吧！該編輯作品了嗎？那就大刀闊斧來猛砍你的寶貝吧！找個作家問問他書寫得怎樣了，他會告訴你說：「這星期我終於把它的脊椎打斷，下半身弄殘了！」

他這還算客氣了。

警世寓言

近期最引起我注意的新興小說家是一位慧黠的年輕女性叫凱蒂·阿諾—拉特理夫（Katie Arnold-Ratliff）。凱蒂寫作起來就像在做夢一樣，但她告訴我她曾經卡住好幾年，只因為一名教寫作的教授跟她說：「寫作時你一定不能情緒順遂，否則你就寫不出有價值的東西。」

寫作確實有教授說的那麼一種境界，也可以想像教授真正想要傳遞的訊息是啥。或許他想說的是：「不要因為害怕而不去挑戰自己創作的極限」或「寫作時難免會誘發出不舒服的情緒，但不要因此退縮」。我其實認同教授這樣的觀念，但把話說成沒有情緒自虐就創作不出有價值的藝術，不僅悖離事實，而且還有點病態。

但這說法凱蒂買單。

出於對恩師的尊敬，凱蒂聽了這些話就完全放進心裡。她全盤接受了創作必須痛苦，否則就有哪裡不對勁。

不入虎穴，焉得虎子，是嗎？

問題是，凱蒂想到一本小說的構想讓她非常雀躍。她想寫的這本書感覺非常酷，非常曲折，非常不尋常，她盤算著這書寫起來會很有趣，有趣到她都有罪惡感了。畢竟一本書如果寫起來這麼開心，那這作品一定不會有任何藝術價值，是吧？於是多年過去，她遲遲不敢動筆。理當會非常酷、會非常曲折的作品始終未現身，只因為期待中的樂趣讓她遲疑起作品的正當性。最終還好，我鬆了一口氣，因為她克服了心理障礙，把書順利寫了出來。不不不，我絕對沒有說這書好寫，但她寫得很愉快是真的；而且是的，她寫出了一本好書。

可惜她平白浪費了許多年的創意與靈感，只因她覺得作品沒讓自己好生受虐！很荒謬，沒錯。

最好大家選擇行業都是為了自虐。

以痛為師？

令人難過的是，凱蒂不是特例。

太多創作者所接收的訊息是生活不能過得太有樂趣，而是應該要千里獨行，要艱苦卓絕。太多藝術家仍篤信磨難與痛苦中才有真實的情感。這樣的觀念鋪天蓋地而來，讓人無論如何也逃不開。在我身處的西方世界，這樣的觀念可以說是根深柢固，尤其又有基督教自我犧牲與日爾曼浪漫主義在一旁火上加油，畢竟這兩種傳統都大力讚揚苦難的價值。

但奉苦難為唯一真理何其危險。一方面苦楚不知道曾經讓多少創作者萬劫不復，一命嗚呼；二方面就算藝術家苟活了下來，對苦楚成癮也會將他們打入嚴重精神疾患的地獄，創作工作於是無以為繼。（我第一喜歡的冰箱門磁鐵說：「我受苦受夠了，而作品何時才突破？」）

或許你接收的訊息也是要寄希望於黑暗。

甚至你之所以會成為黑暗的信徒，吸收你的正是你最鍾愛而景仰的創作者。至少我是。我高中時很崇拜一位英文老師，這位老師跟我說：「莉茲，寫作天分你有，可惜你應該寫不出好的東西來，因為你的人生還太順，受的苦還不夠多。」

什麼鬼話！

首先，中年男人知道少女的什麼苦？我光那天中午吃飯時間的生理痛就超過他一輩子受過的苦了。再者，創作什麼時候變成自虐比賽？

我當時真的很崇拜那位老師。我要是真的把他的話當真，傻傻地學浪漫主義詩人拜倫一樣跑去耍灰暗、找罪受，還覺得這樣可以證明自己，那還得了。還好，我沒有。直覺告訴我要回頭走向光明、歡樂，要與創意在互動中建立互信；但我是少數的幸運兒。許多人確實踏上了黑暗的朝聖之旅，不少人還是出於自願。「所有我崇拜的音樂偶像都吸毒，我只是想跟他們一樣。」說這話的是我的好友芮雅・艾莉雅斯（Raya Elias）。芮雅寫歌很有天分，但她有十多年的時間與海洛因毒癮奮戰。這十餘年間她坐過牢、當過街友，還被送進過療養院，重點是音樂創作完全停擺。

把自我毀滅跟認真創作混為一談，芮雅不是唯一的笨蛋。爵士音樂界的薩克斯風高手傑基・麥克林（Jackie McLean）就說過，在一九五〇年代的格林威治村，他親眼看過幾十個初出茅廬的年輕樂手吸食海洛因，就為了要模仿偶像查理・帕克（Charlie Parker）。更令人怵目驚心的是，他目睹許多年輕爵士樂手假裝對海洛因上癮（模仿的要點是眼神迷濛、姿態慵懶），就連帕克叫大家別跟著他自己學壞都效果不彰。或許比起全心投身藝術，吸毒或假裝吸毒要容易些，所以大家才會便宜行事吧。

成癮不能造就藝術家。雷蒙．卡佛（Raymond Carver）就切身體驗這句話為真。雷蒙本身酗酒，但在戒酒之前，他也沒能成為他一心想要蛻變的作家，就連以酗酒當主題他都寫不好。他說：「只有酗酒但還是的藝術家，沒有因為酗酒而是的藝術家。」

說得好。我認為人的病態若比喻為人行道的路磚，那創造力就是磚縫的雜草，磚本身是長不出東西來的。問題是很多人不這麼想。正因如此，許多藝術家會刻意死抱著苦難、癮頭、恐懼與心魔不放，他們擔心要是「放棄」了這些東西，自己身為藝術家的身分也會隨之消逝。想想詩人里爾克（Rainer Maria Rilke）的那句名言：「惡魔要是離開，我擔心天使也會一起飛走。」

里爾克是集榮耀於一身的詩人，他這句話說得很美，但仍不免失之於感情用事。很遺憾的是，我太常聽到創作人拿這話當擋箭牌，解釋他們為什麼不肯戒酒，不肯去看醫生，不肯考慮接受憂鬱症或恐慌症的治療，不肯改變自己在性方面的偏差行為，不肯面對跟伴侶的親密關係，乃至於從根本上不肯主動讓自己的傷口癒合，不肯讓自己有任何成長——**他們不願停止忍受苦楚**，那些他們刻意放大、刻意與創意混為一談的苦楚。

身而為人竟如此信任惡魔，真乃奇事。

別讓天使不開心

我想澄清一件事：我並不否認人生充滿了苦難，你有你的痛苦，我有我的痛苦，各人有各人的痛苦。我想說的是，**不要盲目迷戀痛苦**，更不應該以藝術之名去自尋痛苦。一如美國小說家溫岱爾．貝瑞（Wendell Berry）所說：「把對苦楚的鍾愛歸因給靈感的繆思，庶幾無異於渴望痛苦，自尋痛苦。」

確實，「受苦藝術家」（Tormented Artist）有時不只是典型，而是現實中有血有肉的真人。無疑地，很多創意十足的靈魂都遭到嚴重心病的荼炭（但話說回來，患了心病的人何止成千上萬，可不是每個人都能琴棋書畫，所以自動在瘋狂跟天才之間畫上等號，對我來說不啻是一種邏輯謬誤）。但我們必須慎防「受苦藝術家」的媚惑，因為人會慢慢習慣於這樣的人格，畢竟這可以是個很如詩如畫、充滿了誘惑力的人格，黑暗面與浪漫魅力兩者渾然天成。這人格還有一個頗為實用的副作用，那就是你可以亂來而獲得輕放。

畢竟取得了「受苦藝術家」的身分，你就可以看似合理地對你的情人很壞，對你自己很壞，對你的孩子很壞，對身邊的每個人很壞。你可以「合法地」對人頤指氣使、氣焰囂張、粗野無文、逞凶鬥狠、反社會、自我膨脹、動不動暴跳如雷、極度情緒化、愛利用人、不負責任，外加自私自利與目中無人。你喜歡的話可以白天喝酒，晚上鬥狠。如果今天你是以管理員或藥師的身分這麼亂來，早就有人跳出來要你別耍白痴了。但搬出「受苦藝術家」的名號，大家就不跟你計較了，反正你特別嘛你情感纖細敏感嘛你有才華嘛你偶爾會做出漂亮的東西來嘛。

但我不吃這一套，我相信人可以一方面才華洋溢，一方面溫和有禮。在這方面我是英國心理分析學家亞當・菲利浦（Adam Phillips）那一派的，我同意他主張：「如果藝術可以正當化殘酷，那我認為藝術就不值得擁有了。」

我從不覺得「受苦藝術家」的概念吸引我，就連青春期也不例外，雖然這樣的形象很性感、很有魅力，足以吸引夢幻如我的少女，而如今已是熟女的我已經看夠太多苦難，謝了，我不想再來一碗。我也見識多了心靈有病的人，對瘋狂並不懷抱不切實際的幻想。更要緊的是，我自身已經輪迴過如四季變換的陰鬱、焦慮與羞愧，我知道這些情緒對我沒有助益。對於專屬於我的惡魔，我既沒特別愛也不忠心，畢竟他們也沒幫助過我什麼。我注意到在我低潮與脆弱的時候，創作的精神會抽筋外加喘不過氣。我發現我不開心，就幾乎寫不出東西，更絕對不可能從事小說的構思（換言之，我可以在生活中真人演出戲劇，也可以平靜度日只用筆編劇，但就是沒辦法兩件事情一起）。

情感的苦楚不但沒有讓我有深度，反而讓我的生活變得狹隘、單薄與孤立。苦楚挾持了我原本應該精采而廣闊的生活，把它壓縮到跟我不開心的腦子一樣大小。一旦我專屬的惡魔掌控了大局，我就感覺到創作的天使打退堂鼓。擔心歸擔心，為了安全他們會退到遠遠的地方觀戰；擔心歸擔心，他們會慢慢失去耐心，就好像他們在說：「小姐，拜託，振作一點好嗎！我們還有正事要做！」

我的創作欲（我想與創意親密聯手卻又能放手一搏的渴望），是我有鬥志擊退痛苦最強烈的個人因素，為此我會不計一切讓自己的日子過得清醒、健康、安穩。

只因為我選擇把信任寄託在一樣很簡單的東西身上：愛。

一而再再而三，愛可以打敗苦難。

選擇信任的對象

但如果你選擇另一條路（選擇信任苦難而不信任愛），那請相信你是把房子蓋在地雷區。當這麼多人把自己的創作空間當成戰區，傷亡慘重還有什麼好奇怪的嗎？不然你以為哪來的那麼多傷懷？哪來那麼多灰暗？哪來那麼多回收不了的付出？

二十世紀有多少作家、詩人、藝術家、舞者、作曲家、演員與樂手親手結束自己的生命，包括喝酒慢慢把自己喝到英年早逝的，我都懶得數了（真想知道的話上網查，死神的業績準可以嚇死你）。有多少個天才，就有多少個不開心的原因，但我相信在某個燦爛的瞬間，他們都曾經熱愛過自己的工作。但如果你把這些受苦的天才找來問問，他們會告訴你不，他們跟作品的關係是單戀，作品從沒有以愛回報過他們。

何解？

這是我的疑問，而且我覺得這是個好問題：為什麼你的創造力不愛你？是創意來找你的，不是嗎？是它主動靠過來，想辦法接近你，吸引你注意，讓你點頭答應的，不是嗎？創意用想從創作中得到樂趣的欲望填滿你，想跟你建立兩人關係，那不會是莫名其妙、臨時起意的，不是嗎？你真的覺得創意下了這麼多工夫闖入你的意識中，只是因為它想結束你的生命？

這不科學啊！把你弄死對創造力有什麼好處？狄倫．湯瑪斯（Dylan Thomas）一死，世上就再沒有他的新詩作了，那個頻道就永遠慘烈地消音了。我很難想像有哪個平行宇宙的創意希望是這樣的結果。我總覺得創意會希望世界上有個狄倫．湯瑪斯好好活著創作，長壽到老，甚至是狄倫．湯瑪斯外加一千個跟他同等級的天才。這些天才應創作而未創作的藝術品，已經是世界的一個天坑了，而我們的心中也有這樣一個無形的坑，我不相信這會是哪個神明的意旨或規畫。

我想來想去：如果創意僅有的願望是想現身，那傷害創作者就不合邏輯了，畢竟你不正是能把創意帶到世上的那雙手嗎？（自然提供種籽，人類貢獻花園，兩造互蒙其利，彼此互相感激。）

這樣說起來，有沒有可能不是創造力一直跟我們過不去，反倒是我們一直在跟創造力過不去？

堅持快樂

我有把握告訴你的只有一點，那就是我很早就拒絕加入「藝術烈士團」這個陣營，而我的人生也因此改變。棄絕了「為藝術犧牲」的觀念，我轉而把信任交到「**我愛創意，創意愛我**」的瘋狂觀念裡，我相信不只我想約創意出去，創意也想約我出去，而且這份愛與想一起做點什麼的心情可說無窮無盡。

雖然起因將永世成謎，但我選擇相信自己對創意的渴望烙印在基因螺旋裡，我相信除非我下逐客令，或在飯菜裡下毒，否則創造力將不會與我離異。我的每一分存在，包含我身上的每一個化學元素，都推著要我走上創作之路，所有的手都指著文字、故事、研究與敘事的方向要我前進。如果命運不希望我成為作家，我在想，那一切的安排就不應該讓我變成作家。但命運確實把我塑造成了作家，而我也決心開朗不彆扭地迎接這樣的命運，因為我要當個什麼樣的作家，百分百操之於我自己。我可以把創作搞得像殺戮戰場屍橫遍野，也可以好好地把創作打理成超有看頭的古玩櫃。

我甚至可以把創作弄成像在禱告一樣。

於是我最終的選擇，是堅持開開心心面對我的工作。在終於大放異彩之前，我堅持了許多年。我堅持當一個沒沒無聞、第一本書賣沒幾本，而且家人貢獻不少的菜鳥作家。書賣得幾百萬本，浪頭上的我堅持快樂工作；書賣個幾百本，水底下的我堅持快樂工作。書評給我好評，給我鼓勵，我堅持快樂工作；書評冷言冷語拿我尋開心，我堅持快樂工作。不論寫作處於順境或逆境，我都堅持開開心心工作，始終如一。

我絕不想著自己被狠心拋棄在創作的荒原裡，也不認為我有理由擔心自己的寫作前景黯淡。我相信靈感遠在天邊，近在眼前，也相信我寫作一天，靈感就在我身邊一天要助我一臂之力，不離不棄。只不過靈感來自另一個世界，你知道的，它跟我語言不通。有時候我們的溝通有一點困難，但靈感既沒有轉身離去，也沒有停止努力。靈感仍不斷嘗試用夢境、兆頭、線索、巧合、似曾相識的感覺、命運、一見鍾情、兩情相悅、脊背發涼、寒毛豎起、嘗鮮的快感、一整晚揮之不去的想法等不同的形式來傳遞訊息……反正不管黑貓白貓，能跟我搭上線就是好貓。

靈感一直想做我的好搭檔。

所以我也伏案寫作等著它。

這對我來說才是真實。

我相信它，它相信我。

幻覺的抉擇

這一切是幻覺嗎？

把無垠的信任託付給一股看不見、摸不著、科學證明不了，甚至可能真的不存在的力量，是我在做夢嗎？

好吧，為了討論能進行下去，就當我是末期幻視幻聽好了。

但比起相信得受苦受難才是玩真的，比起覺得你是一個人，你跟這創造你的宇宙毫無瓜葛，比起厄運特意挑你來詛咒出氣，比起覺得天賦異稟是老天要來毀滅你，究竟是你的幻覺比較嚴重還是我的想法比較無稽？

我想說的是：如果你要靠著幻覺度日（其實也不用什麼如果，每個人本來就都活在幻覺中），那麼能自己選擇幻覺不是好一點嗎？

我個人推薦：

作品希望獲得創作，而且希望成為你的創作。

烈士 vs. 頑童

但為了戒掉「創作之苦」的癮頭，你必須棄絕自我犧牲的道路，轉而擁抱調皮搗蛋的風格。

我們血液裡或多或少有調皮搗蛋的細胞，也都有自我犧牲當烈士的潛力（好吧，我們當中有人比較想當烈士），但創作生涯走到某個點，你必須抉擇加入哪個陣營，而這個選擇將決定你應該滋養、培育出哪一種自己。你要小心選擇，因為正如我的朋友廣播名人卡洛琳・凱西（Caroline Casey）常說的：寧頑皮，毋犧牲。

烈士跟頑童有什麼差別，你是不是想問？

簡單講。

烈士的能量狀態顯示為黑暗、莊重、雄壯、封建、基本教義、嚴峻、不假顏色、極度僵固無彈性。

頑童的能量狀態顯示為輕巧、滑溜、不男不女、亦男亦女、相信萬物皆有靈、唯恐天下不亂、受原始本能驅動、造型千變萬化。

烈士說：「為打這場贏不了的戰爭我願犧牲一切，要我死在磨難之輪下也在所不惜。」

頑童說：「那行，您開心就好！我呢，就在您穩輸的戰場角落做點穩賺不賠的黑市生意。」

烈士：「活著就是痛苦。」

頑童：「活著就是有趣。」

烈士：「體制作弊，什麼東西只要是好的與神聖的，都不可能贏。」

頑童：「體制不存在，世界上沒有不好，也沒有什麼神聖的東西。」

烈士：「沒人懂我。」

頑童：「挑張卡，隨便一張！」

烈士：「這世界是個無解之謎。」

頑童：「也許吧……但這仍可以是場遊戲。」

烈士：「受了苦，我就可以揭開真理的面紗。」

頑童：「我可不想自尋痛苦，老兄。」

烈士：「寧為玉碎，不為瓦全！」

頑童：「我們來妥協一下吧。」

烈士永遠死成一堆，所謂的光榮也只是零零落落；頑童活下來又可以繼續玩。

烈士＝湯瑪斯．摩爾爵士（Sir Thomas More）[1]

頑童＝兔寶寶（Bugs Bunny）

頑童的信任

我認為人類原始的創作衝動是純然源自於想要搗蛋的本能。我沒瞎說！創意滿腦子想的就是要顛覆、翻轉這個無聊的世界，而翻轉顛覆還有誰比頑童更會。只不過最近的幾個世紀，創意不知怎地被烈士綁架了，自此創意成了集中營裡遭刑求的人質。我相信這樣的發展讓藝術感覺很受傷，很多藝術家也都很受傷。

是時候把創意還給頑童了，我是這麼想的。

頑童顯然是壞壞的可愛角色，但對我來說，頑童最棒的一點是他的**信任**。有人聽我這話可能有點錯愕，畢竟頑童的形象除了狡猾還有點令人起疑，但頑童真的是對人事物充滿了信任。首先顯然他信任他自己，他相信自己的機智，相信自己存在的正當性，相信他遇到任何處境都能雙腳穩穩落地。當然某種程度上他也信任別人

（比方他相信別人一定會被他耍著玩），但更重要的是頑童信任整個宇宙。他對令人目不暇給而雜亂無章的宇宙有份信任，而正因著這份信任，他不會自尋煩惱地杞人憂天。他相信宇宙就是二十四小時在玩，而且還想**揪他一起玩**。

好的搗蛋鬼知道把球開心地往大千宇宙一丟，這球會被丟回來。有時候丟回來的力道大，有時候丟回來的是變化球，有時丟回來會變成卡通造型的一群飛彈，又或許隔年年中才丟回來——可以確定的是，球一定會扔回來。頑童等著球回來，等著把被扔回來的任何一種球接住，然後把球再次丟入虛空，看看下次扔回來的會是什麼。頑童樂此不疲，雖然看來只有小聰明，但他深知一項無垠宇宙的真理，一項烈士怎麼也參不透的大智慧，那就是：這只是一場遊戲。

一場盛大、瘋狂、超強的遊戲。

這樣很好，因為頑童就喜歡瘋狂。

---

1 湯瑪斯．摩爾爵士（Sir Thomas More，一四七八～一五三五），獲天主教教會封為聖人，因此又稱聖湯瑪斯．摩爾。生於英國倫敦，官至英國下議院議長與大法官，因反對英王亨利八世兼任國教教主而遭處死。

他生於瘋狂，長於瘋狂。

烈士痛恨瘋狂，烈士想要剷除瘋狂。他想要殺死瘋狂，最後一命嗚呼的卻往往是他本人。

頑童的絕招

我的朋友布芮尼．布朗（Brene Brown），她寫過《脆弱的力量》（*Daring Greatly*）跟好幾本書談人類的軟弱。布芮尼寫過許多本好書，但這些書並不好寫。無一例外地，寫這些書代表她得辛苦付出，得為了內容奮鬥，得吃下不少苦頭。但最近我把創作者應該當頑童而不當烈士的觀念與她分享，她是第一次聽到這種講法（她說：我有學術背景，學術界有當烈士的傳統）。學術界的狀況是：「你必須忍受孤寂，必須耕耘屏息數年之久，才能寫出『已讀』只有四人的長篇大論。」

但等布芮尼終於領悟到「頑童之道」後，她重新檢視了自己的工作習慣，也才了解自己的創作太過源自黑暗與沉重的內心深處。她是好幾本暢銷書的作者，但每寫一本對她都像歷經了中古時代的修煉之旅，旅途中充斥著恐懼與煎熬。她從來沒有質疑過這樣的煎熬，因為她認定這是常態。畢竟認真的藝術家僅能由受苦來證明自己的價值，而就跟無數前輩一樣，布芮尼也對創作之苦深信不疑。

但一意會到創作可以從頑童精神出發，布芮尼馬上有了突破。她了解寫作本身確實是項挑戰，但說故事並不難。布芮尼很會講故事，上台演講更是一把罩。身為第四代的德州女性，把有的沒的串成故事是她的本領。她知道只要把想法說出口，口若懸河對她只是剛好而已，但要變成白紙黑字她就手抽筋。

於是她想到如何來智取寫作。

於是上一本書，布芮尼嘗試了新的做法，一個最高等級頑童才會的絕招。她徵募兩位麻吉到位於德州加爾維斯敦（Galveston）的海灘別墅，陪截稿日已火燒屁股的她趕稿。

她讓朋友坐在沙發上當記錄，自己對著她們說故事，故事主題當然就是書的內容。而每說完一個故事，她就一把抓起朋友的筆記，跑進房間把門關上，然後寫下自己剛剛說出口的東西，朋友就在客廳耐心候著。透過這樣的機制，布芮尼在稿紙上成功保留了她說話時的自然口吻，這跟前面提到茹思・史東擷取詩句的做法有異曲同工之妙。一個故事打完，布芮尼會再衝回客廳，把自己剛剛寫下來的東西大聲念給朋友聽，友人會幫她挑毛病，請布芮尼補充奇聞故事，一一記錄下來，然後布芮尼再拿著筆記稿紙回到房間裡去謄寫。

這是一個頑童用來捕捉故事的魔術陷阱，布芮尼以此抓住了屬於她的「老虎尾巴」。

這是一個充滿笑聲與百無禁忌的過程，畢竟外人看來這只是三個女生朋友在海邊開轟趴。她們吃零食，喝啤酒，還去（眼前的）墨西哥灣走走。她們玩瘋了。如果你想像中的場景是藝術家窩在閣樓，苦不堪言地揮汗工作，那就太老套，也太不符合在墨西哥灣畔的場景了。布芮尼對我說：「我再也不埋頭苦幹了。明明寫的是人跟人的溝通，寫書的人卻一個人躲起來受苦；我不再這麼幹了。」這獨創的新招效果奇佳，布芮尼不僅寫得更快，寫得更好，而且寫起來還更為篤定，更多帶著幾分信任。

順便告訴你，她寫的可不是什麼皆大歡喜的開心喜劇。並不是說寫的過程開開心心，寫出來的作品就隨隨便便，畢竟布芮尼是研究「羞恥」的知名社會學者。這本書談的是脆弱、失敗、焦慮、絕望，是輕易不能得到的情緒韌性。這書完全在紙上呈現出作品該有的深度與嚴肅，開心的只不過是她寫的過程，她開心的是自己突破了盲點，智取了寫作。就這樣，她觸及了自身取之不盡、用之不竭的「大神」。

頑童就是這樣把工作搞定。

輕輕地，輕輕地。

不費吹揮之力。

放輕鬆點

我發表的天字第一號短篇故事是登在一九九三年的《君子》（Esquire）雜誌。這篇叫做〈朝聖者〉（Pilgrims）的故事說的是一個女孩在懷俄明州農場工作的故事，靈感來源就是我自己，畢竟我也在懷俄明州的農場裡做過。一如往常，我毛遂自薦地把故事寄給一堆雜誌，也一如往常，我被一堆雜誌一起拒絕。當然，除了一本雜誌。

《君子》雜誌有名年輕的助理編輯叫做東尼．佛洛尹德（Tony Freund），他從一整疊投稿中看到了我的作品，把這篇故事呈給主編泰瑞．麥克唐涅爾（Terry McDonell）。東尼總覺得老闆會喜歡這個故事，因為他知道泰瑞一直對美國西部很著迷。結果泰瑞還真的喜歡〈朝聖者〉，也付錢買下了這作品。這是我寫作生涯中的第一個亮點，也可以說是我人生的轉捩點。雜誌社排定在十一月號刊出這篇故事，籃球大帝麥可喬丹是那期《君子》的封面人物。

在那期雜誌要付印的一個月前，東尼一通電話打來說有問題。原來一家滿大的廣告主突然抽腿，所以那期雜誌被迫得砍掉幾頁，犧牲在所難免。雜誌社決定先問問看有沒有人自願，這時候我有兩個選擇，要麼我可以把故事濃縮個三成，讓篇幅塞得進被迫瘦身後的十一月號，要麼我可以把故事先抽回來，看之後的期數能不能完整刊出。

「我沒辦法給你建議，」東尼說：「我完全可以理解你不想刪自己的作品，我也覺得截肢後的作品可能比較不好看，所以考量作品的完整性，等幾個月後再發表會是比較好的做法。但我也必須說雜誌這門生意瞬息萬變，打鐵趁熱也有很多人主張。現在把你的故事撤下，搞不好就再也沒有機會上。泰瑞的想法可能會變，或者他可能跳槽到別家雜誌，到時候就沒人幫你了。所以我也不知道該怎麼跟你說。這都得看你怎麼取捨。」

一共才十頁的故事，你知道去掉三成是什麼概念嗎？這故事我寫了一年半，《君子》拿到的時候已經是拋光啵亮的成品，裡頭沒有一個字是不小心放上去的。而且〈朝聖者〉是我自覺當時最棒的作品，能不能再有這樣的水準我也沒把握。這作品是我的寶貝，是我的心頭肉。一刀砍下去，我都不知道這故事還成不成故事。更別說只因為汽車廣告商抽腿，一本男性雜誌就要我親手搗毀肢解生涯最高峰的作品，這對我身為藝術家的自尊是一大打擊。這世道的原則究竟算什麼？榮譽算什麼？尊嚴又算什麼？

這亂世中如果連藝術家都不能堅持，選擇妥協，那還有什麼人能夠堅持，還有什麼人能夠不妥協，不墮落？

但換個角度想，管他的。

因為老實說，我們現在講的不是大憲章（Magna Carta），我寫的也不過就是一個牛仔女孩跟她男朋友的故事。

我抓起紅筆，開始把故事砍到見骨。

剛開始故事被改得不成人形。情節變得沒有一點意義或邏輯，用浩劫餘生來形容算是剛好而已。但山窮水盡疑無路，柳暗花明又一村。看著眼前斧鑿痕遍體的東西，我突然覺得這是老天爺巧妙地在挑戰我的創意：我有辦法讓故事起死回生嗎？我開始幫作品動手術，看能不能巧手讓情節走向再度變得合理。就在我把句子搬來搬去，調整位置的同時，我意會到篇幅的刪減讓故事有了全新的調性，而且改變不見得委屈。新版的故事不能說比原版好或不好，只能說不同，而且是非常不同。蛻變後的故事不會瘦乾巴，反而出落得更精壯、更扎實。

要是沒有外力介入，這樣的風格我絕對寫不出，在這之前我根本不知道自己有能力寫出這樣的東西。光這點我就覺得很有意思，很有意義（就像在夢裡發現自家多了個房間，你的生命豁然開朗地多了些可能性）。我壓根沒想過自己的作品禁得起這樣的錘鍊——敲碎、切片、重組，而且活下來之後還能活蹦亂跳，進而面對世界展現新的面貌。

經此一役我了解到，作品對人來說當然很神聖，但並非神聖到不可侵犯。真正神聖不可侵犯的是你為了創作而付出的心血，你在創作中拓展的內在視野，以及視野拓展後你人生的改變。

面對創作你愈能輕鬆以對，你的存在就愈是光明一片。

誰是你的寶貝

很多人談到作品，都會稱呼是自己的「寶貝」，但這樣剛好與面對創作要輕鬆以對的原則背道而馳。

我有個朋友在新小說要出版的前一週跟我說：「我覺得我好像是第一次要送小孩去坐校車一樣，真怕他在學校被霸凌。」楚門．卡波堤（Truman Capote）[2]說得

2 楚門．卡波堤（Truman Capote，一九二四～一九八四），美國小說家，一九五八年出版成名作《第凡內早餐》，一九六六年《冷血》出版，名利雙收，是他寫作生涯的最高峰。

更直接：「書寫完就像把小孩帶到後院開槍一樣。」

各位，作品是作品，小孩是小孩，不要混為一談好嗎？

把作品擬人化，只會帶來痛苦。我這麼講是認真的。如果你真的認為作品是你的寶貝，那麼你就絕對狠不下心把篇幅砍掉三成，但這樣的難題其實很可能發生在你身上。另外如果有人批評、修改你的作品，建議你應該大改作品，甚或是想要在公開市場中買賣你的作品，你也會很難接受。你可能會完全沒辦法發表作品，沒辦法與人分享作品，你會覺得沒你在一旁護衛著、伺候著，可憐的寶貝根本沒能力保護自己。

你的作品不是你的寶貝，不是你的孩子。真要說起來，你才是作品的孩子。我寫過的每篇作品帶著我成長，每個案子以不同的方式讓我更加成熟。我之所以是現在的我，正是因為我所寫過的每一篇作品，正是因為這些作品對我產生的影響。創意一手把我帶大，把我打造成這樣的一個成熟個體——就從〈朝聖者〉開始，那樣的體驗教會我要注重大局不要耍小孩子脾氣。

這一切要說的是，沒錯，到頭來我超驚險地把精簡的〈朝聖者〉塞進了一九九三年十一月號的《君子》雜誌。幾個禮拜後，命運的安排讓我的貴人泰瑞・麥克唐涅爾從《君子》總編的位子離職，而人去政息，他之前選好的短篇故事與文章從此不見天日。我的作品原本也會被捨棄在文字的亂葬崗，所幸我正確地決定要斷尾求生。

還好我決定配合雜誌，老天爺保佑。一方面變短了的故事很俐落，氣質也變得不同，一方面我也得到了機會露臉出頭。出版經紀人看到我的作品，簽下了我。結果是這二十多年來，經紀人優雅的手腕與精準的眼光讓我獲益良多。

回想起來，真的是讓人捏了一把冷汗。要是我稍微放不下身段，今天世上的某個地方（很可能壓在我抽屜最底下），就會有一篇十頁長的故事〈朝聖者〉幾乎沒人看過。這作品會是個處子，會很清純，會像拋光完的花崗石璀璨，而我大抵會繼續在酒店顧吧檯。

還有一點也算有趣，那就是〈朝聖者〉在《君子》發表後，我其實就幾乎不曾想起過這篇作品了。

〈朝聖者〉根本算不得我最好的作品，它連「最好的作品之一」都排不太上。

那之後太多東西等著我寫，工作上我也忙碌得多。〈朝聖者〉不是什麼神聖的文物，而就是一個物品，一個我做出來、喜歡過、修改過、又愛過、出版過、放下過的物品。我之所以將之留在過去，就是為了在創作之路上繼續前進，我要寫出其他作品。

感謝老天爺沒讓我搬石頭砸自己的腳。要是我覺得自己的作品神聖不可侵犯，像個烈士般寧為玉碎不為瓦全地帶著作品一起死，那樣的成仁之舉會多麼令人哀傷，多麼的不值啊！還好我相信的是遊戲，是彈性，是耍點手段當個頑童。因為我懂得輕鬆看待自己的作品，〈朝聖者〉才沒有被我帶到墳墓，反而成了讓我展開新生活的窗口。

我想說的是，不要被自己的尊嚴所誤。

尊嚴可以是你的朋友，也可以是你的敵人。

熱情vs.好奇

我可以順便請您放下熱情嗎？

我這樣說可能會讓你嚇一跳，但我其實不是那麼支持熱情，或至少可以說我不是那麼鼓吹熱情。「跟隨自己的熱情，一切就會很順利。」我不是很認同這樣的說法，甚至覺得這樣的講法有點殘酷。

首先這種建議有點多餘，因為人若有熱情自然會去追尋，不需要提醒。畢竟熱情的定義不就是你會不由自主、千方百計去嘗試的一股興致嗎？但實情是很多人找不到自己的熱情，有些人則是熱情太多，更有些人人生走了大半才想要替換熱情，這些狀況都讓人一頭霧水，讓人覺得無以為繼，讓人覺得不知所措而如履薄冰。

如果你沒有確切的熱情，而某人一臉開心地告訴你要追隨自己的熱情，我想你會對這人比個中指也不算過分。這就像有人告訴你要減肥才能變瘦，也像有人說你要有美滿的性生活才能高潮一波接一波，廢話！

我本身算是還滿熱情的人，但也不可能天天處於高峰。有時候我不曉得熱情跑去哪兒了，有時候我感覺毫無靈感，有時候我不知道下一步該做什麼。

但我不會坐著等熱情撲到我身上，我會繼續穩定地工作。這一方面是因為我相信身而為人，能在有生之年從事創作是種福分；另一方面是因為我從創作中得到許多樂趣。但我不停下工作最重要的理由，是即便我眼前暫時看不到創意的身影，創意也沒有放棄對我尋尋覓覓。

那麼要是你的熱情委靡了，你要如何找到工作的靈感呢？

這時候我們就需要好奇心了。

讓好奇心領路

我相信好奇心是關鍵，好奇心是創意生活的真理與正道，好奇心包含萬物，是一切的起源與終點。再者，好奇心對任何人都來者不拒。熱情有時候顯得高高在上，讓我們搆不著；這樣的熱情就像遠方燒著火焰的高塔，天才跟特別受上帝眷顧的人才能踏上。但好奇心就溫和得多，安詳得多，好客得多，也民主得多。比起熱情，好奇心我們也比較玩得起。熱情會讓人跟配偶離異，會讓人傾家蕩產，會讓人削髮搬到尼泊爾去。好奇心就不會逼你玩這麼大。

事實上，好奇心只問你一個很簡單的問題：有沒有什麼事情讓你感興趣？

任何事情？

甚至一點點小事情？

很無聊很瑣碎的事情？

問題的答案不必然會讓你的生活燒起熊熊大火，你不會因此辭去工作，不會刻意改變信仰，也不會遁入神遊迷離的狀態。這問題只是要引起你的注意力。只要你能在瞬間找到自己的一丁點兒興趣，好奇心就會把你的頭轉過去半釐米，讓你與有興趣的東西拉近一點點距離。

去吧。

這是一個機緣，也許不起眼但還是個機緣。去看看，用點膽，看看好奇心要帶你去什麼樣的下一站。讓一波波的機緣接力帶你前進。記住，這不需要是廣袤沙漠中的一聲巨雷，這只不過是腐食者出來碰碰運氣。跟著禿鷹瞄瞄看好奇心的蹤跡，誰知道你會一路飛到什麼了不得的園地。歷經景色奇特蜿蜒曲折的後巷、地洞與暗門，好奇心最終甚至可能帶領你與熱情相遇。

當然也可能你發覺自己繞了半天還在原地。

你可能一輩子都追著好奇心的尾巴跑，最後一無所獲。不過就算如此，你還是有一樣東西可以揣在懷裡，你會滿意於知道自己一生都獻給了人類偉大的好奇心。

光這樣也足以讓人說自己一生精采豐富，了無遺憾。

腐食者的運氣

讓我舉個例子來說明跟著腐食者出來碰碰運氣，最終可以帶領你到達哪裡。

前面我說過自己曾有過一個絕佳的構想，最終卻沒能把小說寫出來。那本背景設定在亞馬遜雨林的故事先是被我冷落，被迫從我的意識轉檯到安・派契特的腦中，最後也假她之手現身。那本書的構想就是誕生於熱情，就是歷經浪一般的腦波把興奮的情緒與靈感傳遞到我身上來。但可惜我的腳步被生活的現實面打亂，沒能好好經營這個靈感，而這靈感最終也從我身邊離開。

它就這樣走得徹徹底底，乾乾淨淨。

在亞馬遜叢林小說的發想遠離之後，第一時間便不再有浪一般的腦波把興奮的情緒與靈感傳遞到我身上來。我繼續等待好點子上門，我繼續向宇宙廣播自己準備好了讓點子來敲門，但我始終沒感覺到兩臂發冷起雞皮疙瘩，沒感覺到後頸寒毛直豎，也沒有感覺到緊張兮兮得好像胃裡有蝴蝶飛來飛去。我感覺不到奇蹟。這就像聖保羅一路騎馬到了大馬士革，卻什麼事情都沒有發生，頂多是雨下了一點點。

這其實也是創作者的日常。

我在每天的雜事中東翻西找，寫寫email，買買襪子，排解一些茶壺裡的風暴，寄卡片給生日的友人，生活中該做的事情我都照常去做。隨著時光流逝，卻始終沒有點子燃燒我的火苗，我並沒有大驚小怪。我一向的因應之道都是把注意力從熱情轉到好奇心上，這次也是一樣。

我問自己：**莉茲，有沒有什麼事情讓你感興趣？**

任何事情？

一點點小事情？

很無聊很瑣碎的事情？

結果還真的有：這次我想到的是園藝。

（我知道，我知道。不要太興奮，各位，就是園藝！）

當時我剛搬到紐澤西州鄉下的一個小鎮。我買下了一間老房子外加一個美麗的後院。我想好好在後院種點東西。

這樣的衝動連我自己都嚇一跳。我小時候家裡有花園，一個不小的花園在我媽的打理下井然有序，但我當時倒是對花花草草的沒什麼興趣。身為一個懶惰的小孩，我小時候很努力不要學會任何有關園藝的事情，對於我媽的教誨我是來者全拒。我從來不是個喜歡玩土的小孩，也不喜歡鄉下（我覺得莊稼的活兒很無趣，很困難，不好幹），變大人以後也沒想過去重新了解。事實上，我就是因為討厭鄉下的粗活，才會特意搬到紐約生活；也正因為不想跟種東西扯上任何一點關係，我才到處旅行。到如今我竟以比故鄉更鄉下的地方為家，我竟然想要種花。

當然我並不是很飢渴地想要個花園，請了解這點。我並不打算誓死也要有座花園或什麼的。我只是覺得擁有花園滿不錯的罷了。

我只是好奇。

這樣的起心動念只是一瞬間，我大可忽略，畢竟這念頭只有很微弱的脈搏。只是我最終並沒有將這想法丟在一邊，我跟著好奇心的一點線索前進，種下了一些東西。

在栽種的過程中，我發現我對園藝所知並不如自己想像的少。顯然我雖然極力抗拒，但媽媽說的話我還是稍微不小心聽進去了。能發現自己這方面的潛力讓我很驚喜，很滿意。我於是又多種了些東西，又多勾起了些兒時的記憶。我想到母親、我祖母、我女性先祖與土地的接觸，盡是些美好的事情。

隨著季節流轉，我發現自己看著花園有了不同的視角。眼前的花園愈來愈不像是我母親的花園，而開始像是我的花園。比方說我媽超會在花園種菜，這我就沒那麼喜歡，我找花的標準是愈亮麗、愈招搖愈好。再者我發現自己不僅僅想要栽種花卉，我還希望自己能對花卉瞭若指掌，特別是想知道花的原產地。

像我花園裡有家傳的鳶尾花，我就會想知道它們的來源。我上網查了一下，得知我的鳶尾花並非原產於紐澤西，而是來自於敘利亞。

知道這事兒還滿酷的。

我鍥而不舍地繼續追查下去，結果發現我在自家周圍種植的丁香花曾經盛開在土耳其，跟我的鬱金香一樣，當然我種的鬱金香已經被荷蘭人改得濃妝豔抹，早就不是當年在土耳其素顏的野生品種。我的山茱萸是美國原生種，連翹來自日本；紫藤是遠渡重洋，由一名英國船長從中國引進歐洲，英國移民又把它帶到新大陸，所以它在美國的輩分也不算老。

就這樣，我開始一一調查花園裡植物的身家，並且把查到的資訊製成筆記。我開始燃起好奇心，但我發現比起經營花園，我更有興趣的是背後的植物史，那是個由貿易與冒險與跨國計謀交織而成，狂放不羈但又鮮為人知的故事。

聽起來好像可以寫成本書喔？

有何不可呢？

我繼續受好奇心牽引前行。我選擇了全然相信自己的興趣，我相信自己對植物的「豆知識」感興趣自有因緣；而跟植物史相關的兆頭與巧合也沒有辜負我，一個一個跑到我面前揮手。我開始巧遇對的書、對的人、對的機會，像我需要諮詢的苔蘚專家就住在紐約上州鄉下，距我祖母家走路幾分鐘而已；像我想了解一位個性鮮明、值得寫進小說裡的歷史人物，結果曾祖父傳下來一本兩百歲的書裡就藏有關鍵資料。

一切就像水到渠成。

然後事情開始失控。

為了更了解植物闖盪地球的歷史，我跑遍了大半個地球。從紐澤西我家的後院出發，我跑遍了英格蘭各大園藝與植栽圖書館；從英格蘭各大園藝與植栽圖書館出發，我又到了荷蘭的各個中古時期藥用花園；從荷蘭的中古時期藥用花園出發，我又抵達了法屬玻里尼西亞的苔蘚洞穴。

經過三年的研究與實地考察，我終於坐下來寫《愛瑪》（*The Signature of All Things*），一本以十九世紀一個植物探險家庭為故事核心的小說。

我從沒想過要寫這樣一本小說，說這本書是從零開始一點也不為過。我不是因為火燒屁股了才撲向這本小說，我是一個線索一個線索才湊近到它身邊。我原本像腐食者出來碰碰運氣，回過神來竟已對十九世紀的植物探險充滿熱情，也開始動筆。三年前的我沒聽過十九世紀有什麼植物探險（我只不過是想在後院隨便弄個花園），但如今我已經寫起一本劇情龐雜的小說，植物、科學、演化、廢奴、愛與失去，乃至於女主角如何歷經心智的蛻變，都是我在小說裡要談的內容。所以這招有用。這招之所以有用，是因為我對身邊由好奇心所提供的大小線索來者不拒。

你看到了吧，這也是大神顯靈。

這是大神低調一點、速度放慢的模樣。但不用懷疑，大神還是大神。

你要學習的只有一件事，那就是相信大神。

對神說yes。

這下有趣了

最能啟發我的創作者，不見得是最熱情的，但他們往往最好奇。熱情來來去去，好奇心才能讓你穩定出席。我喜歡小說一路寫不停，而且興趣超廣、涉獵題材五花八門的喬伊思．卡洛．歐茲（Joyce Carol Oates）。我欣賞詹姆斯．法蘭科（James Franco）想演什麼就演什麼（一會兒超認真，一會兒又在那兒搞笑耍白痴），因為他知道演戲不用替他贏得奧斯卡獎提名；我還欣賞他在演戲工作的空檔穿插自己感興趣的藝術、時尚、學術與寫作活動（他這些「社團活動」的表現好不好，我覺得不重要！我欣賞的是這傢伙能想幹麼就幹麼）。我佩服布魯斯・史普林斯汀（Bruce Springsteen）除了創作演唱會神曲，也曾以約翰・史坦貝克（John Steinbeck）的小說發想一整張專輯。我喜歡畢卡索不務正業跑去玩陶瓷。

我聽過導演麥可・尼可斯（Mike Nichols）談過他多產的拍片生涯。他說他一直對自身的失敗很感興趣。每當深夜看到電視在放自己的爛片，他都會坐下來好好再看一遍；拍成功的他反而不看。他會十足好奇地看著爛片，說：「真有趣，這場戲竟然能拍成這副爛模樣……」

他既不覺得丟臉，也不感到難過，他只是覺得整件事超有趣。這感覺就好像：事情有時候它就能成，有時就偏不成，你不覺得這很有趣嗎？有時我感到創作人生是在吃苦還是享福，當中的差別只在於兩個詞，一個是「有趣」（interesting），一個是「超爛」（awful）。

話說到底，「超爛」的結果如果你不小題大作，它就會是個「有趣」的結果。

我在想很多人之所以放棄追尋創意人生，是因為「有趣」一詞讓他們害怕。我心中排名第一的靜坐老師佩瑪・丘卓（Pema Chödrön）說過，她覺得學生最大的問題是事情才剛開始變得有趣，他們就決定放棄。這意思就是說事情一開始有點難度，一開始有點辛苦、無聊或煩躁，他們就馬上打了退堂鼓；他們一感到好像什麼東西很可怕或會讓他們受傷，他們就準備東西收一收離場。就是這樣，他們才會錯過精采的、狂野的，可以讓自己成長的部分；就是這樣，他們才走不到衝破難關、發現心中還有嶄新小宇宙可以開發的那個階段。

這樣的狀況或許一再在你生命中每個重要的環節重演。不論你追求、尋覓、創作的是什麼東西，都請小心不要太早放棄。就像吾友勞勃・貝爾（Rob Bell）牧師提醒我們的：「遇到那些可以讓你蛻變的經驗與情境，請別冒失三兩下就衝過去。」

不要一遇到困難時刻，努力一沒有回應，就馬上失去了勇氣。

遇到困難時刻又如何？

事情才要開始變有趣。

慎防餓鬼

你敗定了。

失敗感覺很差，沒錯，但我說「你敗定了」是真話。你可以冒險從事創作，但往往不會達到你要的結果。我曾經把一整本完成的書丟掉，因為內容不對。寫的過程我真的很認真，但東西寫出來就是不對，最後我也只能忍痛放棄。（為什麼不對我也毫無頭緒。這當中的蹊蹺我怎麼會知道？我又不是書的法醫！我沒有判斷稿子死因的專業背景。**我只知道這書寫得不對！**）

遇到挫折我很傷心，很受打擊。受到打擊時的失望心情讓我面對自己感到噁心，面對別人怪里怪氣。但活到這個歲數，我已經學會盡量排解自己的失望情緒，我已經懂得不要讓自己過於陷入自責、憤慨與停滯的死亡漩渦裡。畢竟到了這個年紀，我已心知肚明失敗傷到我的只有一樣：我的自尊心。

如此而已。

我並不是說有自尊心是壞事，至少角度拉遠來看自尊不是壞事，況且每個人都有自尊（有的人自尊還超強）。如果說恐懼的本能讓人類得以生存，那自尊的功能就是勾勒出自我的界線，因為有自尊，我們才能宣揚自己的獨特性，才能界定自己的欲望、才能了解自身的偏好，也才能堅守自身的疆域。簡單地說，有自尊才有你，少了自尊你就只是沒有意識的變形蟲。所以就像社會學家出身的作家瑪莎·貝克（Martha Beck）提到自尊時所說：「出門別忘它！」

但話說回來，你也千萬不能讓自尊當家做主，否則自尊會喧賓奪主搞垮一切。自尊是好奴僕，但當起主人可是慘不忍睹，主要是自尊會需索無度地要求回報、回報、回報，而一旦得不到滿足，它就會一副失望的模樣。這種失望如果坐視不管，你的人會從內心往外爛。脫韁的自尊就是佛教所說的「餓鬼」，餓鬼會一直吃一直吃，但永遠呼喊著沒吃飽。

每個人心裡都有某種飢渴，我們都有那股瘋癲隱居在五臟六腑內，看什麼都不順眼。我有，你有，我們都有。但對此我有一項救贖是：**我知道我不光是一個自尊，我還有靈魂**。我知道我的靈魂不甩什麼回報或失敗。我的靈魂不會因為夢想讚美或恐懼批判而轉彎，我的靈魂字典裡根本沒收錄這些概念的名諱。比起自尊，我的靈魂視野更廣，想法更棒，更能在需要時提供我正確的方向，畢竟我的靈魂只有一個想望，那就是人世間的各種「妙不可言」。而考量創作是我離「妙不可言」最近的距離，我索性躲在那個小天地裡，而創作也確實餵養了我的靈魂，讓我的餓鬼得到平靜，也讓我跟最危險的那個自己拉開距離。

所以只要那股刺耳的抱怨聲又出現在心中，我就可以說：「啊，我的自尊，你在這兒啊，好久不見了！」其他時候不論是我遭到批評，或我發現自己氣急敗壞、心如刀割或敵意高漲，我都以一樣的辦法因應。每每都是我的自尊心狼煙四起，想要證明它自己的能力。一遇到這樣的情形，我已經學會要冷眼仔細看著我炙熱的情緒，我學會不要把事情看得太了不起。我知道覺得受傷的永遠是我的自尊，不是我的靈魂。想要報仇雪恨，想拿到首獎的是我的自尊；想在推特上開戰的是我的自尊；因為人家酸幾句就心情不好的，因為得不到成果而忿忿不平、半途而廢的，全都是我的自尊。

要讓生活回到正軌，我會在這時候回去找靈魂。我會問靈魂說：「親愛的，你要什麼？」

我得到的回答永遠是：「請賜予我奇妙，謝謝。」

只要我的方向沒變，只要我還在追尋各種「妙不可言」，那我就放心自己的靈魂可以安好，而對我來說也只有靈魂重要。由於創意仍是我最有機會觸及妙事的管道，我選擇繼續創作。我選擇把外來（與內在）的種種雜音與讓人分心的事情阻擋起來，一次次回到創作的懷抱；因為我知道一旦遠離了創意（妙事的泉源），我就毫無希望可言。不搞創作，我恐怕就會一輩子在深不見底的絕望中遊蕩，像個嘶喊著的餓鬼困在一天天衰敗的肉體之中。

恕老娘不能接受，謝謝。

另起爐灶

那麼我們要怎麼甩開失敗與羞愧的心情來堅持創作呢？

首先，原諒自己。如果你做了個什麼東西但反應不好，算了，別執著。記住自己只是個菜鳥，就算你從事某行已經五十年，我們永遠是人生的菜鳥，一直到死都會是菜鳥。所以別執著，忘了之前忙碌的事情，打開心胸去想別的發展。還在替《GQ》雜誌撰稿的時候，我的主編亞特・古柏（Art Cooper）收到一篇我寫了五個月的文章（那是篇談到塞爾維亞政治的深度旅遊報導，還花了雜誌社一小筆預算），他花了一小時讀完後跑來找我說：「這不好，也不可能改好。看來你還沒有能力寫這種文章。我不要你再浪費時間在這上面了。立刻去找別的題目來做，麻煩你了。」

有點震驚，當然，很突然，沒錯。但乖乖隆地咚，也太有效率了吧！

聽主編的話，我去找了其他東西寫。

永遠都有其他東西可寫。

永遠都該一直往前。

不論你做什麼，盡量不要陷在失敗的情緒裡。你不需要把血肉模糊的失敗拿來解剖，也不用去分析失敗背後的意義。記住：創意之神沒有義務向我們交代任何事情。自己的失望自己收好，承認自己失望，然後繼續往前走。把失敗「切八段」，當成魚餌來釣下一個大案。冥冥之中的道理你有天會懂：為什麼你得歷經這堆狗屁倒灶的事情才能完美落地。當然也有可能你永遠搞不懂。

那就算了。

但還是要往前進。

不論發生什麼事情，忙就對了。我始終相信十七世紀英國學者勞伯・柏頓（Robert Burton）的智慧之言：「不要獨處，不要得閒。」這是他如何戰勝憂鬱的忠告。找件事做，什麼事都好，不是你本行的也行，只要能讓你暫時忘記焦慮跟壓力。曾經我在寫書時遇到瓶頸，跑去報名繪畫課，看看這樣能不能打開我腦中的另一條創意通道。我其實不太會畫畫，但這不影響。重點是我能透過畫圖與創作保持對話。我撥弄著旋鈕，一心想跟靈感建立通話。果然在我畫夠了以後，寫作的源頭又開始流出了活水。

愛因斯坦稱這種策略是「組合技」（combinatory play），也就是找另一個領域的東西玩票，藉此打通本業思考的任督二脈。這就是為什麼遇到解不開的數學迷團，愛因斯坦會跑去拉小提琴。通常只要拉幾個小時的奏鳴曲，愛因斯坦面對數學就可以無敵。

組合技的魔力，我想，就在於感覺事情不再那麼嚴重，而你的自尊跟恐懼可以獲得安撫。我有個朋友年輕時是很被看好的棒球選手，但他後來心理出了問題，導致球技完全遭到封印，於是他放棄了棒球，一整年跑去改踢足球。他足球就沒那麼厲害了，但他喜歡足球，而且足球踢不好他不太會難過，主要是他的自尊知道：「嘿，我可沒說過自己會踢球喔。」反正只要他持續運動，他的棒球天分就有可能歸位，他的小腦袋就可能不會一直想，他的身體才有可能慢慢放鬆。總之，足球不無聊，在笑著把球踢來踢去一年以後，他回到了棒球場上。神奇的是他又變厲害了，棒球場上的他比一年前更強更快。

結論是：沒辦法做一直想做的事情，就先去做別的事情。遛遛狗，出門撿垃圾，再去溜狗，烤個水蜜桃餡餅，彩繪一堆鵝卵石。這聽起來很像在鬼混拖時間，但只要你心態正確，暫歇其實是往前。忙什麼都贏過不知所措，因為只要你在動，靈感就有可能過來探個究竟。

所以請把手借給我，做點什麼，忙點什麼，什麼都好。

請用創意行動使自己成為目光的焦點，更重要的是，請相信只要你創造出夠大的騷動，靈感最終一定會千山萬水爬回你的心頭。

彩繪腳踏車

關於爬出創作的大低潮，澳洲作家、詩人兼藝評家克里夫．詹姆斯（Clive James）有一個經典而神奇的親身體驗可以分享。

那是個重大的挫折。他替倫敦的劇院寫了一齣舞台劇劇本，結果劇評不買帳，他還因此賠掉了家庭財務跟數名好友，最後自己一頭栽進了憂鬱與自責的深潭。戲下檔後，他飽受煎熬又深感受辱，只剩力氣癱軟在沙發上呆望著牆，還好他太太勉力維持住家庭，但詹姆斯已經不敢奢望再提筆了。

經過很長的一段低潮後，詹姆斯的兩個年輕女兒終於介入他愁雲慘霧的人生，對做父親的他提出了一個很平凡的要求。女兒請爸爸做點什麼來妝點她們看起來破破爛爛的二手腳踏車。為了當個好爸爸，詹姆斯雖然人不是很開心，但還是著手準備滿足女兒的要求。他拖著沉重的身體離開了沙發，擔起了腳踏車的美化計畫。

首先他小心翼翼地把小女生的腳踏車身漆成亮眼的紅色，然後他把輪輻用銀色弄得像鋪上層霜，又把座椅的支架裝飾成一條條像美容院跑馬燈那樣的圖案。這還不是全部。油漆乾了以後，他開始畫數百個超級小的銀色跟金色星星，要讓車身布滿超精美的星座。女兒催促著他完成，但詹姆斯發現自己停不下來，他有一股衝動要一直畫星星（四芒星、六芒星，外加周圍有點點圍繞的罕見八芒星）。畫星星讓他感受到無比的成就感。等他終於畫完了，他的女兒超級興奮地立刻騎上神奇腳踏車出門，徒留爸爸一個大男人坐著納悶自己接下來要幹麼。

隔天女兒把鄰居一個小女生帶回家，小女生問詹姆斯先生可否也幫她把腳踏車畫一畫。他悉聽遵命。他託付信心於這個義務工作，他讓靈感帶著他走。等到他畫完了這輛腳踏車，另外一個小朋友又找上門來。然後就一發不可收拾，小朋友「吃好逗相報」地一個傳一個。他的門前開始出現一長串的人龍，全都等著要讓自己的普通腳踏車變身成星星加身的藝術品。

就這樣，一代文壇健筆連續好幾個星期在自家車道上席地而坐，在社區小朋友的愛車上畫了千萬顆小星星。而在畫的過程中，他慢慢覺悟了。他覺悟到「失敗有其作用。失敗是一個問句，它問的是你想不想堅持創作下去」。他驚訝地發現自己給了肯定的回答，他真心想要繼續創作下去。在那個當下，他唯一想創作的是小朋友腳踏車上的美麗星星。但畫著星星，他的內心也開始痊癒，也開始恢復生機。畫到最後一輛腳踏車，他個人小宇宙的星空也全都隨著畫筆的筆觸歸位，克里夫，詹姆斯終於有了這樣的想法：「有天我要把這寫成故事。」

就在這瞬間，他自由了。

失敗主義走了，創作者正式回歸。

因為找了別的事情來做，而且是全心全意去做，詹姆斯巧妙地掙脫了惰性的地獄，重新回到了大神的懷抱。

強烈的信念

創作者最後的信心關卡（往往也是最困難的），就在於把作品完成之後丟到世界上。

我說的這種信念，是終極的強烈信念，但說的不是「我確定我會成功」，因為這種想法不是強烈的信念，這是極度天真的信任。我要你放下你的天真，踏進更果敢、更強大的結界。正如我說過的，或者應該說大家原本就心知肚明的：在創作的領域裡，沒有什麼可以保證。你不例外，我不例外，沒有人例外。現在不例外，永遠沒例外。

這樣你還願意把作品丟出來嗎？

我最近跟一位女士談過話，她說：「我的新書幾乎可以動筆了，萬事俱備只欠東風，主要是我不知道宇宙會不會恩准我期待的結果。」

嗯，我能怎麼回答她呢？我不喜歡潑人冷水，但宇宙大抵不會如她所願。當然宇宙會給她某種交代與結果。空靈點的人甚至辯駁說宇宙會給她所需要的結果，但她需要的與想要的結果不見得是同一個。

強烈的信念會要求你不顧一切把作品丟出來，因為強烈的信念知道結果不重要。結果不可以重要。

強烈的信念會要你堅守一條真理，那就是：親愛的你值得，不論結果為何；你會繼續創作，不論結果為何；你會繼續分享創作，不論結果為何；你生來就是個創作者，不論結果為何。就算你不懂最後的結果為何，你在創作時也不會失守創作信念。

幾乎每本勵志書都會出現一個「名問題」：要是你知道自己絕對不會失敗，你會做什麼？

我的角度稍有不同。我覺得最勁爆的問題應該是：要是你知道自己八成會失敗，你會做什麼？

有什麼事情可以讓你喜歡到成敗已經失去意義？

有什麼事情可以讓你愛到連自尊都能放下？

你對這種愛的信仰有多強烈？

你可能想挑戰這種強烈的信念，你可能想跟這種觀念對幹，你會想對這東西拳打腳踢，你會質疑：「如果結果是一場空，這渾水我為何要大費周章去蹚？」

答案往往是頑童嬉皮笑臉的一句：「因為很好玩，不是嗎？」

反過來說，你在地球上的時間要幹什麼？什麼都不創作？什麼樂子都不找？什麼愛都不追求？什麼好奇心都沒有？

你永遠可以在正反兩面之間抉擇，自由意志是屬於你的。如果創意生活實在太艱辛，太過單向付出而沒有回收，你隨時可以喊停。

但說實話，你真的想這樣嗎？

因為仔細想想：喊停之後你又當如何？

抬頭挺胸

二十年前我在一場派對上跟一個男生說話，他的名字我早記不起來或從來不知道。有時候我懷疑這男人短暫出現在我生命中，唯一的目的就是要跟我說一個故事，一個暨有趣又啟發我至今的故事。

這位先生告訴我的故事是關於他的弟弟，他那個想要成為藝術家的弟弟。他非常佩服弟弟的努力，還說了個很生動的小故事來分享他弟弟多有勇氣、多有創意、多願意選擇相信。為了說故事方便，我姑且稱這位弟弟是「小弟」。

小弟身為一位新進的畫家，辛辛苦苦存了錢去法國，希望能身處在美感與靈感的薰陶之中。在法國他省吃儉用，天天作畫、跑博物館、走訪如畫的景點，還勇敢地跟途中巧遇的人攀談，甚至只要有人想看，他都很樂意把自己的作品秀出來。一日午後，小弟在咖啡店跟一群魅力四射的年輕人聊了起來，結果這群年輕人竟是某支生活光鮮亮麗的貴族。這些貴氣逼人的年輕一族與小弟相談甚歡，索性邀請他週末到位於羅亞爾河谷（Loire Valley）的城堡赴宴。他們親口對小弟保證這是全年最盛大的一場宴會，受邀者非富即貴，除了名人以外還有幾位歐洲皇室成員。最棒的一點是這是化裝舞會，所以每個人都砸大錢準備行頭。年輕人對小弟說這活動不容錯過，歡迎他穿好一點一起來玩！

興高采烈的小弟花了一整個星期的工夫準備穿著，他確信自己可以在晚宴上大放異彩。他找遍了巴黎的布料，做出來的衣服可說設計極具巧思且展現了大膽的創意。萬事俱備的他於是租了輛車，開赴距離巴黎有三小時車程的城堡。他在車裡換上精心預備的服裝，踏上了城堡的階梯。他對僕役報上姓名，對方在賓客名單上確認了一下，就讓他進去了。小弟進了舞池，頭抬得高高的。

但他立刻發現事情不對。

這確實是個化裝舞會，新朋友完全沒有騙他，是他自己搞錯了一點：這是個有主題的化裝舞會。今天的主體是：中古時代的宮廷。

而小弟的打扮是一隻龍蝦。

此時圍繞在舞池的全是出身歐洲上流社會的才子佳人。他們全都身著金光閃閃的精緻衣衫，其講究的程度不僅符合時代，而且搭配了家傳的珠寶，讓衣服的主人得以耀眼中不失優雅地配合交響樂的節拍，展現華爾茲舞步獨有的丰采。同一時間小弟一身紅色的緊身衣褲與拖鞋，外加一對泡棉材質的巨螯，就連臉部都塗成了紅色。我得告訴大家，小弟雖然叫小弟而且確實瘦瘦的，但他的身高超過六呎（大約一百八十三公分），再加上頭上一對又長又晃的龍蝦觸鬚，身高看起來就更不只這個數字了。另外，他是舞會中唯一的美國佬。

他人在階梯的最高一階駐足良久，感覺莫名驚悚，差一點點就要丟臉地奪門而出，好像夾著尾巴跑掉能給他保留最後的一絲尊嚴。但他沒跑。不知怎地他下了一道決心，他想都跑這麼遠來了，而且好不容易才弄出這套服裝，真要說他還滿以這身龍蝦造型為榮的。這麼想著他深吸了一口氣，咬牙走進了舞池。

他後來回憶說，自己之所以有勇氣與臉皮敢丟這種臉，敢這樣亂來，純粹得感謝自己身為新進藝術家的經歷。生活已經教會他要拚，什麼都要拚拚看再說。龍蝦裝既然是他所做，那這就是他對這場派對的貢獻；他盡力了，而成果就是這樣。他於是決定相信自己，相信龍蝦裝，相信在場所有人的眼光。

一隻龍蝦闖進王公貴族當中，可以想見當時所有的人啞口無言。舞池一瞬間鴉雀無聲，舞步統統僵住，交響樂團踉蹌地停止了演出。只見所有來賓湊到小弟身邊圍成一圈，終於有人忍不住，問了他到底是什麼東西。

小弟彎身鞠了個躬，煞有介事地宣示：「我是皇家御前龍蝦。」

話畢一陣哄堂大笑。

但這並非訕笑，單純是開心的笑。眾人的笑聲中有對這隻龍蝦的喜愛。他們喜歡龍蝦這麼可愛，這麼放得開，喜歡這麼大的雙螯，還有緊身褲裡那麼小的屁屁。他是在場來賓的開心果，他的存在炒熱了氣氛。小弟最後甚至還獲得了跟比利時女王共舞的殊榮。

學著點，各位！

我每創作出一樣東西，在某個點上無不感覺自己是冠蓋雲集中的一隻龍蝦。但你必須堅定地進場，必須抬頭挺胸外加氣宇軒昂。受邀就是成功，有機會就好好把握，不用不好意思，不用多加解釋，不用覺得沒面子。你就你所知盡了全力，你把手上的資源發揮到淋漓盡致，你也沒有浪費光陰。你並非不請自來，你沒有受邀不來，苛責你實屬不該。

賓客可能會把你掏出去，但也可能不會。事實上後者的機會大些，因為大廳往往比你一向想像的要好客溫暖。搞不好還有人覺得你聰明又神奇，讓你有跟皇室成員共舞的機會呢。

又或許你落得只能在城堡角落獨舞，空虛地用兩隻大而無當的蝦螯在空中揮舞。那也沒關係，這種事情偶爾也會遇到。

唯一絕對錯的選擇是轉身離開。離開你就會錯過整場派對，那就太可惜了。聽我一言，畢竟我們這麼遠跑一趟，辛苦地準備了這麼多，絕對不是為了在最後一刻抽腿。

神性

意外的恩典

我最後要說的故事發生在峇里島。島上文化對於創作一事的看法與西方人大異其趣。說故事給我聽的是我多年來的良師益友賴爺（Ketut Liyer）。賴爺是峇里島上的巫醫，多年前他將我納入羽翼之下保護，跟我分享了他許多的智慧與恩典。

按照賴爺的解釋，峇里島的舞蹈是人類藝術形式的瑰寶，兼具了美好、精巧與古老。這舞蹈有其神聖之處。幾世紀以來在神職人員的見證下，峇里島的舞蹈是一種在寺廟中進行的儀典。這些舞蹈的編排受到一絲不苟的嚴密保護，忠實地代代相傳，因為舞蹈的完整性就象徵著峇里人宇宙的完整性。沒有人會說峇里人對自身的舞蹈不夠認真。

回到一九六〇年代初期，大規模的觀光才剛成為峇里島的日常，當地的傳統「神舞」就立刻讓外國的遊客迷上。峇里島民並不吝於展露他們的舞技，對觀光客進到寺廟裡觀看舞蹈也很歡迎。峇里島民收取一點點小錢，觀光客得到欣賞的小小特權。

但隨著傳統舞蹈成為觀光的一大賣點，廟宇開始被觀眾擠爆，場面也跟著變得混亂。寺廟原本就不是多舒服的地方，觀光客席地而坐，總有蜘蛛、濕氣等討厭的東西相伴。所幸聰明的島民想到可以反其道而行，讓舞者走出寺廟。看到遠從澳洲來的遊客被曬傷，他們想到若能在度假飯店的游泳池邊表演，會不會比在潮濕陰暗的寺廟深處對遊客更友善、更輕鬆一點？遊客還可以點杯雞尾酒，讓身心得到味覺與視覺的雙重享受！同時間舞者也可以藉此增加收入，因為飯店的空間一定比較大，可容納的觀眾人數必然增加。

於是峇里人開始在度假村表演舞蹈，讓願意付錢的遊客舒服些又不會大老遠跑來卻向隅，皆大歡喜。

但其實還是有人不滿意。

有些自視甚高的西方遊客覺得很憤慨。他們眼中這是對聖物的褻瀆！他們覺得這舞蹈很神聖，是至高的藝術，怎能把高不可攀的聖舞搬到不潔的度假村海灘去表演。這擺明了是要多賺錢！這簡直是大逆不道！是性靈、藝術與文化上的逼良為娼！玷汙聖舞可說莫此為甚！

這些西方人拿自身的疑慮向峇里島的廟方反映，廟方也很文明地傾聽，只不過像「褻瀆」這麼嚴重的指控要轉換成峇里島人可以理解的概念，其實相當困難。同時「神聖」與「不潔」的區別在島上也不如在西方明顯。在地的祭司其實不太理解西方人覺得度假村何以「不潔」。神性不是無所不在嗎？度假村不也在神聖的地球上嗎？對峇里島人來說，他們不懂為什麼客客氣氣的澳洲觀光客不能穿著濕答答的泳衣、點杯邁泰調酒，坐著看人跳聖舞。這些澳洲來的好朋友沒資格欣賞美好的事情嗎？

但這些自視甚高的西方人顯然很不開心，而峇里島人是出了名的以客為尊，於是他們決定要想想辦法。

廟方與帶頭的舞者湊在一起開了個會，想到了一個好辦法，一個他們出於樂天的個性與相信人的態度所想到的「妙方」。他們決定另編一套不神聖的舞蹈。度假村就只表演認證的「無神性」舞碼，而神聖的舞蹈就回歸寺廟，僅供宗教儀式使用。

他們就這樣做了。他們做得一點都不勉強，心裡既無糾結也不覺得受傷。以傳統聖舞的手勢與步伐為基礎，他們編出了一套基本上是亂跳一通的舞，之後他們就開始在度假村收錢表演胡亂旋轉的舞碼。這次真的皆大歡喜了。舞者有舞可跳、遊客有表演可看、祭司可以替廟裡攢點經費，始作俑者的「高級」西方人也終於能放下執念，畢竟神聖與褻瀆之間再度恢復了明確的界線。

一切再次各得其所，整整齊齊，沒有爭議。

只不過真相既不整齊也不會沒有爭議。

世上沒有什麼東西是整整齊齊而沒有爭議的。

後續的發展是經過了幾年，原本是亂跳一通而沒有意義的舞蹈出落得愈發精巧。演出的少男少女開始熱中於這些舞碼，在舞步中展現出嶄新的自由與創意。就這樣，他們慢慢讓表演蛻變得令人讚嘆，真要說還相當超凡入聖。話說人在無心插柳中通靈，這又是一例。這些峇里舞者的本意是要抹除舞蹈中的神性，卻又在無意間召喚了天界的大神下凡來，而且就降落在泳池畔。舞者原只想自娛娛人，如今卻夜夜與神靈共舞，而且全體遊客都可以目睹。比起傳統聖舞歷久而顯得陳腐，我們甚至可以主張新舞更加超脫而蒙福。

峇里島祭司注意到這個現象後，又提出了一個好點子：為什麼不把新編的人造舞碼帶到廟堂中，納入傳統的宗教儀式，在祈禱儀式中使用呢？

這麼一想，乾脆把某些死氣沉沉的老舞步換掉，用新舞步取代不是更好嗎？

他們就這麼做了。

到了這個地步，原本沒意義的新舞碼取得了神性，原本的神舞卻因久未創新而失去意義。

又一次皆大歡喜，唯一例外的是那些自以為是的西方人。他們這次是真的糊塗了。到底什麼是神聖，什麼是褻瀆，他們真的分不清楚了。高與低、輕與重、對與錯、他與我、神與人的種種界線模糊了……種種矛盾快把他們搞瘋了。

至於我忍不住在想的一件事情，就是峇里島的祭司心裡是不是都有個頑童？這一切是不是早就在他們的計畫之中？

結語

創造力可謂神聖，但神聖中也見得平庸。

我們的作品既如泰山穩重，卻也如鴻毛輕鬆。
創作時的我們孑然一身，但又有神靈長相廝守。
我們在恐懼中戰戰兢兢，踏出每步卻又十分驍勇。
藝術既有壓垮人的煩瑣，卻又是一種特權般的追求。
我們必得先拿出最大的玩心，神性才好跟我們玩真的。
騰出空間容納種種矛盾，讓極端的事物能在你的靈魂中共存共榮。能做到這樣，我保證世上再沒你做不出來的東西。
所以請你冷靜，回去繼續上工，可以嗎？
埋在心底那看不見的寶藏在等你說好。

誌謝

許多人給予我幫助、鼓勵與啟發，為此我要感謝：凱蒂・阿諾—拉特理夫（Katie Arnold-Ratliff）、布芮尼・布朗（Brené Brown）、查爾斯・布坎（Charles Buchan）、比爾・柏丁（Bill Burdin）、戴夫・卡希爾（Dave Cahill）、莎拉・查爾方（Sarah Chalfant）、安・康涅爾（Anne Connell）、特侖姆—阿恩・多安（Trâm-Anh Doan）、馬可斯・都勒（Markus Dohle）、芮雅・艾莉雅斯（Rayya Elias）、米里安・佛爾勒（Miriam Feuerle）、布蘭敦・費德里克斯（Brendan Fredericks）、已故的傑克・吉兒伯特（Jack Gilbert）、瑪咪・希利（Mamie Healey）、莉蒂亞・赫特（Lydia Hirt）、艾琳・凱利（Eileen Kelly）、羅賓・沃爾・金莫若（Robin Wall Kimmerer）、蘇珊・基屯普蘭（Susan Kittenplan）、傑弗瑞・克羅斯科（Geoffrey Kloske）、克里・勒發弗（Cree LeFavour）、凱薩琳・倰特（Catherine Lent）、琴・

馬丁（Jynne Martin）、莎拉・麥可葛拉斯（Sarah McGrath）、麥德琳・麥金塔（Madeline McIntosh）、荷西・努恩斯（Jose Nunes）、安・派契特（Ann Patchett）、亞莉山卓・普林格（Alexandra Pringle）、芮貝卡・沙勒屯（Rebecca Saletan）、韋德・舒曼（Wade Schuman）、凱特・史塔克（Kate Stark）、瑪莉・史東（Mary Stone）、安德魯・懷利（Andrew Wylie）、海倫・兗特斯（Helen Yentus）。當然，我父親這邊的吉兒伯特家人（the Gilberts）跟媽媽那邊的奧爾森家人（the Olsons）也是一定要提的，是你們給了我創作的身教。

我要感謝ＴＥＤ大會（TED conference）給了我（兩次！）機會上台闡敘精神、性靈與創意的課題。身為講者，我自己也在過程中進一步釐清了思緒，這對我而言是樂事一樁。

我要感謝手作電商平台Etsy接納出版這本書，也感謝Etsy給了許多創作一個家。Etsy的諸位完全符合我在本書中的所有擘畫。

最後我要把愛與感謝傳達給我可愛的臉書社群。沒有你們貢獻問題、思緒，沒有你們日復一日縱身一躍地勇敢表達自己，這本書不會成形。

MI1014X

人生需要來場小革命（舊版名：《創造力》）

Big Magic: Creative Living Beyond Fear

作　　者❖伊莉莎白．吉兒伯特（Elizabeth Gilbert）
譯　　者❖鄭煥昇
封面設計❖萬勝安
內頁排版❖張彩梅
新版校對❖魏秋綢
總 編 輯❖郭寶秀
特約編輯❖曾淑芳

發 行 人❖凃玉雲
出版❖馬可孛羅文化
10483台北市中山區民生東路二段141號5樓
電話：(886)2-25007696
發行❖英屬蓋曼群島商家庭傳媒股份有限公司城邦分公司
10483台北市中山區民生東路二段141號11樓
客服服務專線：(886)2-25007718；25007719
24小時傳真專線：(886)2-25001990；25001991
服務時間：週一至週五9:00～12:00；13:00～17:00
劃撥帳號：19863813　戶名：書虫股份有限公司
讀者服務信箱：service@readingclub.com.tw
香港發行所❖城邦（香港）出版集團有限公司
香港灣仔駱克道193號東超商業中心1樓
電話：(852)25086231　傳真：(852)25789337
E-mail：hkcite@biznetvigator.com
馬新發行所❖城邦（馬新）出版集團【Cite(M) Sdn. Bhd. (458372U)】
41-3, Jalan Radin Anum, Bandar Baru Sri Petaling,
57000 Kuala Lumpur, Malaysia.
電話：(603)90578822　傳真：(603)90576622
E-mail：services@cite.com.my
輸出印刷❖中原造像股份有限公司
二版一刷❖2022年5月12日
定　　價❖350元

ISBN：978-986-0767-96-4（平裝）
EISBN：9789860767988

國家圖書館出版品預行編目（CIP）資料

人生需要來場小革命／伊莉莎白．吉兒伯特（Elizabeth Gilbert）著；鄭煥昇譯. -- 二版. -- 臺北市：馬可孛羅文化出版：英屬蓋曼群島商家庭傳媒股份有限公司城邦分公司發行, 2022.05
面；　公分
譯自：Big magic : creative living beyond fear
ISBN 978-986-0767-96-4（平裝）
1.創造力　2.自信　3.生活指導
176.4　　104025403